Inhaltsverzeichnis

sein 3	helfen 23	sich bilden 43
haben 4	danken 24	brauchen 44
werden 5	lieben 25	fragen 45
gehen 6	beginnen 26	führen 46
fahren 7	erklären 27	gelten 47
kommen 8	finden 28	glauben 48
essen 9	fühlen 29	wissen 49
schlafen 10	gewinnen 30	meinen 50
trinken 11	halten 31	nehmen 51
lesen 12	sich interessieren ... 32	nennen 52
kochen 13	liegen 33	spielen 53
lernen 14	sehen 34	stellen 54
sprechen 15	sitzen 35	zeigen 55
verstehen 16	stehen 36	bieten 56
machen 17	studieren 37	erzählen 57
wohnen 18	suchen 38	fehlen 58
leben 19	warten 39	gehören 59
sagen 20	bleiben 40	handeln 60
arbeiten 21	bekommen 41	kennen 61
geben 22	bestehen 42	laufen 62

reden 63	denken 77	schmecken 91
schaffen 64	bringen 78	fliegen 92
schließen 65	bezahlen 79	reisen 93
schreiben 66	besuchen 80	kosten 94
tragen 67	bestellen 81	probieren 95
wollen 68	antworten 82	beantragen 96
können 69	hören 83	beantworten 97
müssen 70	verlieren 84	beeilen 98
mögen 71	schwimmen 85	misslingen 99
sollen 72	bauen 86	verkaufen 100
dürfen 73	schicken 87	
kaufen 74	lachen 88	
rechnen 75	lassen 89	
fallen 76	tun 90	

sein (ahaansho)

Englisch : to be

Personal pronomen	Präsens	Präteritum	Perfekt	Futur 1
ich	bin	war	bin gewesen	werde sein
du	bist	warst	bist gewesen	wirst sein
er	ist	war	ist gewesen	wird sein
sie	ist	war	ist gewesen	wird sein
es	ist	war	ist gewesen	wird sein
wir	sind	waren	sind gewesen	werden sein
ihr	seid	wart	seid gewesen	werdet sein
Sie	sind	waren	sind gewesen	werden sein
sie	sind	waren	sind gewesen	werden sein

Personal Pronomen	Plusquamperfekt	Futur 2
ich	war gewesen	werde gewesen sein
du	warst gewesen	wirst gewesen sein
er	war gewesen	wird gewesen sein
sie	war gewesen	wird gewesen sein
es	war gewesen	wird gewesen sein
wir	waren gewesen	werden gewesen sein
ihr	wart gewesen	werdet gewesen sein
Sie	waren gewesen	werden gewesen sein
sie	waren gewesen	werden gewesen sein

haben (haysasho)

Englisch (to have)

Personal Pronomen	Präsens	Präteritum	Perfekt		Futur 1	
ich	habe	hatte	habe	gehabt	werde	haben
du	hast	hattest	hast	gehabt	wirst	haben
er	hat	hatte	hat	gehabt	wird	haben
sie	hat	hatte	hat	gehabt	wird	haben
es	hat	hatte	hat	gehabt	wird	haben
wir	haben	hatten	haben	gehabt	werden	haben
ihr	habt	hattet	habt	gehabt	werdet	haben
Sie	haben	hatten	haben	gehabt	werden	haben
sie	haben	hatten	haben	gehabt	werden	haben

Personalpronomen	Plusquamperfekt		Futur 2		
ich	hatte	gehabt	werde	gehabt	haben
du	hattest	gehabt	wirst	gehabt	haben
er	hatte	gehabt	wird	gehabt	haben
sie	hatte	gehabt	wird	gehabt	haben
es	hatte	gehabt	wird	gehabt	haben
wir	hatten	gehabt	werden	gehabt	haben
ihr	hattet	gehabt	werdet	gehabt	haben
Sie	hatten	gehabt	werden	gehabt	haben
sie	hatten	gehabt	werden	gehabt	haben

werden (noqon doono)

Englisch : become /turn /will

Personal Pronomen	Präsens	Präteritum	Perfekt	Futur 1
ich	werde	wurde	bin geworden	werde werden
du	wirst	wurdest	bist geworden	wirst werden
er	wird	wurde	Ist geworden	wird werden
sie	wird	wurde	Ist geworden	wird werden
es	wird	wurde	Ist geworden	wird werden
wir	werden	wurden	Sind geworden	werden werden
ihr	werdet	wurdet	seid geworden	werdet werden
Sie	werden	wurden	sind geworden	werden werden
sie	werden	wurden	sind geworden	werden werden

Personal Pronomen	Plusquamperfekt	Futur 2
ich	war geworden	werde geworden sein
du	warst geworden	wirst geworden sein
er	war geworden	wird geworden sein
sie	war geworden	wird geworden sein
es	war geworden	wird geworden sein
wir	waren geworden	werden geworden sein
ihr	wart geworden	werdet geworden sein
Sie	waren geworden	werden geworden sein
sie	waren geworden	werden geworden sein

gehen (tagid)

Englisch : leave /move /walk

Personal Pronomen	Präsens	Präteritum	Perfekt	Futur 1
ich	gehe	ging	bin gegangen	werde gehen
du	gehst	gingst	bist gegangen	wirst gehen
er	geht	ging	ist gegangen	wird gehen
sie	geht	ging	ist gegangen	wird gehen
es	geht	ging	ist gegangen	wird gehen
wir	gehen	gingen	sind gegangen	werden gehen
ihr	geht	gingt	seid gegangen	werden gehen
Sie	gehen	gingen	sind gegangen	werden gehen
sie	gehen	gingen	sind gegangen	Werden gehen

Personal Pronomen	Plusquamerfekt	Futur 2
ich	war gegangen	werde gegangen sein
du	warst gegangen	wirst gegangen sein
er	war gegangen	wird gegangen sein
sie	war gegangen	wird gegangen sein
es	war gegangen	wird gegangen sein
wir	waren gegangen	werden gegangen sein
ihr	wart gegangen	werdet gegangen sein
Sie	waren gegangen	werden gegangen sein
sie	waren gegangen	werden gegangen sein

fahren (tagid inaad gaadiid ku tagto meel)

Englisch : drive /ride

Personal Pronomen	Präsens	Präteritum	Perfekt		Futur 1	
ich	fahre	fuhr	bin	gefahren	werde	fahren
du	fährst	fuhrst	bist	gefahren	wirst	fahren
er	fährt	fuhr	ist	gefahren	wird	fahren
sie	fährt	fuhr	ist	gefahren	wird	fahren
es	fährt	fuhr	ist	gefahren	wird	fahren
wir	fahren	fuhren	sind	gefahren	werden	fahren
ihr	fahrt	fuhrt	seid	gefahren	werdet	fahren
Sie	fahren	fuhren	sind	gefahren	werden	fahren
sie	fahren	fuhren	sind	gefahren	werden	fahren

Personal Pronomen	Plusquamperfekt		Futur 2		
ich	war	gefahren	werde	gefahren	sein
du	warst	gefahren	wirst	gefahren	sein
er	war	gefahren	wird	gefahren	sein
sie	war	gefahren	wird	gefahren	sein
es	war	gefahren	wird	gefahren	sein
wir	waren	gefahren	werden	gefahren	sein
ihr	wart	gefahren	werdet	gefahren	sein
Sie	waren	gefahren	werden	gefahren	sein
sie	waren	gefahren	werden	gefahren	sein

kommen (imaansho /imaatin)

Englisch : come /get /arrive

Personal Pronomen	Präsens	Präteritum	Perfekt	Futur 1
ich	komme	kam	bin gekommen	werde kommen
du	kommst	kamst	bist gekommen	wirst kommen
er	kommt	kam	ist gekommen	wird kommen
sie	kommt	kam	ist gekommen	wird kommen
es	kommt	kam	ist gekommen	wird kommen
wir	kommen	kamen	sind gekommen	werden kommen
ihr	kommt	kamt	seid gekommen	werdet kommen
Sie	kommen	kamen	sind gekommen	werden kommen
sie	kommen	kamen	sind gekommen	werden kommen

Personal Pronomen	Plusquamperfekt	Futur 2
ich	war gekommen	werde gekommen sein
du	warst gekommen	wirst gekommen sein
er	war gekommen	wird gekommen sein
sie	war gekommen	wird gekommen sein
es	war gekommen	wird gekommen sein
wir	waren gekommen	werden gekommen sein
ihr	wart gekommen	werdet gekommen sein
Sie	waren gekommen	werden gekommen sein
sie	waren gekommen	werden gekommen sein

essen (cunid)

Englisch : eat

Personal Pronomen	Präsens	Präteritum	Perfekt		Futur 1	
ich	esse	aß	habe	gegessen	werde	essen
du	isst	aßest	hast	gegessen	wirst	essen
er	isst	aß	hat	gegessen	wird	essen
sie	isst	aß	hat	gegessen	wird	essen
es	isst	aß	hat	gegessen	wird	essen
wir	essen	aßen	haben	gegessen	werden	essen
ihr	esst	aßt	habt	gegessen	werdet	essen
Sie	essen	aßen	haben	gegessen	werden	essen
sie	essen	aßen	haben	gegessen	werden	essen

Personal Pronomen	Plusquamperfekt		Futur 2		
ich	hatte	gegessen	werde	gegessen	haben
du	hattest	gegessen	wirst	gegessen	haben
er	hatte	gegessen	wird	gegessen	haben
sie	hatte	gegessen	wird	gegessen	haben
es	hatte	gegessen	wird	gegessen	haben
wir	hatten	gegessen	werden	gegessen	haben
ihr	hattet	gegessen	werdet	gegessen	haben
Sie	hatten	gegessen	werden	gegessen	haben
sie	hatten	gegessen	werden	gegessen	haben

schlafen (seexasho)

Englisch : sleep /be quiet

Personal Pronomen	Präsens	Präteritum	Perfekt	Futur 1
Ich	schlafe	schlief	habe feschlafen	werde schlafen
du	schläfst	schliefst	hast feschlafen	wirst schlafen
er	schläft	schlief	hat feschlafen	wird schlafen
sie	schläft	schlief	hat feschlafen	wird schlafen
es	schläft	schlief	hat feschlafen	wird schlafen
wir	schlafen	schliefen	haben feschlafen	werden schlafen
ihr	schlaft	schlieft	habt feschlafen	werdet schlafen
Sie	schlafen	schliefen	habe feschlafen	werden schlafen
sie	schlafen	schliefen	habe feschlafen	werden schlafen

Personal Pronomen	Plusquamperfekt	Futur 2	
ich	hatte geschlafen	werde geschlafen	haben
du	hattest geschlafen	wirst geschlafen	haben
er	hatte geschlafen	wird geschlafen	haben
sie	hatte geschlafen	wird geschlafen	haben
es	hatte geschlafen	wird geschlafen	haben
wir	hatten geschlafen	werden geschlafen	haben
ihr	hattet geschlafen	werdet geschlafen	haben
Sie	hatten geschlafen	werden geschlafen	haben
sie	hatten geschlafen	werde n geschlafen	haben

trinken (cabid)

Englisch : drink

Personal Pronomen	Präsens	Präteritum	Perfekt	Futur 1
ich	trinke	trank	habe getrunken	werde trinken
du	trinkst	trankst	hast getrunken	wirst trinken
er	trinkt	trank	hat getrunken	wird trinken
sie	trinkt	trank	hat getrunken	wird trinken
es	trinkt	trank	hat getrunken	wird trinken
wir	trinken	tranken	haben getrunken	werden trinken
ihr	trinkt	trankt	habt getrunken	werdet trinken
Sie	trinken	tranken	haben getrunken	werden trinken
sie	trinken	tranken	haben getrunken	werden trinken

Personal Pronomen	Plusquamperfekt	Futur 2
ich	hatte getrunken	werde getrunken haben
du	hattest getrunken	wirst getrunken haben
er	hatte getrunken	wird getrunken haben
sie	hatte getrunken	wird getrunken haben
es	hatte getrunken	wird getrunken haben
wir	hatten getrunken	werden getrunken haben
ihr	hattet getrunken	werdet getrunken haben
Sie	hatten getrunken	werden getrunken haben
sie	hatten getrunken	werden getrunken haben

lesen (Akhrin)

Englisch : read

Personal Pronomen	Präsens	Präteritum	Perfekt	Futur 1
ich	lese	las	habe gelesen	werde lesen
du	liest	lasest	hast gelesen	wirst lesen
er	liest	las	hat gelesen	wird lesen
sie	liest	las	hat gelesen	wird lesen
es	liest	las	hat gelesen	wird lesen
wir	lesen	lasen	haben gelesen	werden lesen
ihr	lest	last	habt gelesen	werdet lesen
Sie	lesen	lasen	haben gelesen	werden lesen
sie	lesen	lasen	haben gelesen	werden lesen

Personal Pronomen	Plusquamperfekt	Futur 2
ich	hatte gelesen	werde gelesen habe
du	hattest gelesen	wirst gelesen habe
er	hatte gelesen	wird gelesen habe
sie	hatte gelesen	wird gelesen habe
es	hatte gelesen	wird gelesen habe
wir	hatten gelesen	werden gelesen habe
ihr	hattet gelesen	werdet gelesen habe
Sie	hatten gelesen	werden gelesen habe
sie	hatten gelesen	werden gelesen habe

kochen (cunto karin)

Englisch : cook

Personal Pronomen	Präsens	Präteritum	Perfekt		Futur 1	
ich	koche	kochte	habe	gekocht	werde	kochen
du	kochst	kochtest	hast	gekocht	wirst	kochen
er	kocht	kochte	hat	gekocht	wird	kochen
sie	kocht	kochte	hat	gekocht	wird	kochen
es	kocht	kochte	hat	gekocht	wird	kochen
wir	kochen	kochten	haben	gekocht	werden	kochen
ihr	kocht	kochtet	habt	gekocht	werdet	kochen
Sie	kochen	kochten	haben	gekocht	werden	kochen
sie	kochen	kochten	haben	gekocht	werden	kochen

Personal Pronomen	Plusquamperfekt		Futur 2		
ich	hatte	gekocht	werde	gekocht	haben
du	hattest	gekocht	wirst	gekocht	haben
er	hatte	gekocht	wird	gekocht	haben
sie	hatte	gekocht	wird	gekocht	haben
es	hatte	gekocht	wird	gekocht	haben
wir	hatten	gekocht	werden	gekocht	haben
ihr	hattet	gekocht	werdet	gekocht	haben
Sie	hatten	gekocht	werden	gekocht	haben
sie	hatten	gekocht	werden	gekocht	haben

lernen (barasho/waxbarasho)

Englisch : study / learn

Personal Pronomen	Präsens	Präteritum	Perfekt	Futur 1
ich	lerne	lernte	habe gelernt	werde lernen
du	lernst	lerntest	hast gelernt	wirst lernen
er	lernt	lernte	hat gelernt	wird lernen
sie	lernt	lernte	hat gelernt	wird lernen
es	lernt	lernte	hat gelernt	wird lernen
wir	lernen	lernten	haben gelernt	werden lernen
ihr	lernt	lerntet	habt gelernt	werdet lernen
Sie	lernen	lernten	haben gelernt	werden lernen
sie	lernen	lernten	haben gelernt	werden lernen

Personal Pronomen	Plusquamperfekt	Futur 2
ich	hatte gelernt	werde gelernt haben
du	hattest gelernt	wirst gelernt haben
er	hatte gelernt	wird gelernt haben
sie	hatte gelernt	wird gelernt haben
es	hatte gelernt	wird gelernt haben
wir	hatten gelernt	werden gelernt haben
ihr	hattet gelernt	werdet gelernt haben
Sie	hatten gelernt	werden gelernt haben
sie	hatten gelernt	werden gelernt haben

sprechen (ku hadlid)

Englisch : speak /talk

Personal Pronomen	Präsens	Präteritum	Perfekt	Futur 1
ich	spreche	sprach	habe gesprochen	werde sprechen
du	sprichst	sprachst	hast gesprochen	wirst sprechen
er	spricht	sprach	hat gesprochen	wird sprechen
sie	spricht	sprach	hat gesprochen	wird sprechen
es	spricht	sprach	hat gesprochen	wird sprechen
wir	sprechen	sprachen	haben gesprochen	werden sprechen
ihr	sprecht	spracht	habt gesprochen	werdet sprechen
Sie	sprechen	sprachen	haben gesprochen	werden sprechen
sie	sprechen	sprachen	haben gesprochen	werden sprechen

Personal Pronomen	Plusquamperfekt	Futur 2		
ich	hatte gesprochen	werde	gesprochen	haben
du	hattest gesprochen	wirst	gesprochen	haben
er	hatte gesprochen	wird	gesprochen	haben
sie	hatte gesprochen	wird	gesprochen	haben
es	hatte gesprochen	wird	gesprochen	haben
wir	hatten gesprochen	werden	gesprochen	haben
ihr	hattet gesprochen	werdet	gesprochen	haben
Sie	hatten gesprochen	werden	gesprochen	haben
sie	hatten gesprochen	werden	gesprochen	haben

verstehen (fahan/ wax fahmid)

Englisch : understand

Personal Pronomen	Präsens	Präteritum	Perfekt		Futur 1	
ich	verstehe	verstand	habe	verstanden	werde	verstehen
du	verstehst	verstandest	hast	verstanden	wirst	verstehen
er	versteht	verstand	hat	verstanden	wird	verstehen
sie	versteht	verstand	hat	verstanden	wird	verstehen
es	versteht	verstand	hat	verstanden	wird	verstehen
wir	verstehen	verstanden	haben	verstanden	werden	verstehen
ihr	versteht	verstandet	habt	verstanden	werdet	verstehen
Sie	verstehen	verstanden	Haben	verstanden	werden	verstehen
sie	verstehen	verstanden	Haben	verstanden	werden	verstehen

Personal Pronomen	Plusquamperfekt		Futur 2		
ich	hatte	verstanden	werde	verstanden	haben
du	hattest	verstanden	wirst	verstanden	haben
er	hatte	verstanden	wird	verstanden	haben
sie	hatte	verstanden	wird	verstanden	haben
es	hatte	verstanden	wird	verstanden	haben
wir	hatte	verstanden	werden	verstanden	haben
ihr	hattet	verstanden	werdet	verstanden	haben
Sie	hatten	verstanden	werden	verstanden	haben
sie	hatten	verstanden	werden	verstanden	haben

machen (samayn)

Englisch : make

Personal Pronomen	Präsens	Präteritum	Perfekt	Futur 1
ich	mache	machte	habe gemacht	werde machen
du	machst	machtest	hast gemacht	wirst machen
er	macht	machte	hat gemacht	wird machen
sie	macht	machte	hat gemacht	wird machen
es	macht	machte	hat gemacht	wird machen
wir	machen	machten	haben gemacht	werden machen
ihr	macht	machtet	habt gemacht	werdet machen
Sie	machen	machten	haben gemacht	werden machen
sie	machen	machten	haben gemacht	werden machen

Personal Pronomen	Plusquamperfekt	Futur 2
ich	hatte gemacht	werde gemacht haben
du	hattest gemacht	wirst gemacht haben
er	hatte gemacht	wird gemacht haben
sie	hatte gemacht	wird gemacht haben
es	hatte gemacht	wird gemacht haben
wir	hatten gemacht	werden gemacht haben
ihr	hattet gemacht	werdet gemacht haben
Sie	hatten gemacht	werden gemacht haben
sie	hatten gemacht	werden gemacht haben

wohnen (degenaansho)

Englisch : live /reside

Personal Pronomen	Präsens	Präteritum	Perfekt	Futur 1
ich	wohne	wohnte	habe gewohnt	werde wohnen
du	wohnst	wohntest	hast gewohnt	wirst wohnen
er	wohnt	wohnte	hat gewohnt	wird wohnen
sie	wohnt	wohnte	hat gewohnt	wird wohnen
es	wohnt	wohnte	hat gewohnt	wird wohnen
wir	wohnen	wohnten	haben gewohnt	werden wohnen
ihr	wohnt	wohntet	habt gewohnt	werdet wohnen
Sie	wohnen	wohnten	haben gewohnt	werden wohnen
sie	wohnen	wohnten	haben gewohnt	werden wohnen

Personal Pronomen	Plusquamperfekt	Futur 2
ich	hatte gewohnt	werde gewohnt haben
du	hattest gewohnt	wirst gewohnt haben
er	hatte gewohnt	wird gewohnt haben
sie	hatte gewohnt	wird gewohnt haben
es	hatte gewohnt	wird gewohnt haben
wir	hatten gewohnt	werden gewohnt haben
ihr	hattet gewohnt	werdet gewohnt haben
Sie	hatten gewohnt	werden gewohnt haben
sie	hatten gewohnt	werden gewohnt haben

leben (ku noolansho)

Englisch : live /exist

Personal Pronomen	Präsens	Präteritum	Perfekt		Futur 1	
ich	lebe	lebte	habe	gelebt	werde	leben
du	lebst	lebtest	hast	gelebt	wirst	leben
er	lebt	lebte	hat	gelebt	wird	leben
sie	lebt	lebte	hat	gelebt	wird	leben
es	lebt	lebte	hat	gelebt	wird	leben
wir	leben	lebten	haben	gelebt	werden	leben
ihr	lebt	lebtet	habt	gelebt	werdet	leben
Sie	leben	lebten	haben	gelebt	werden	leben
sie	leben	lebten	haben	gelebt	werden	leben

Personal Pronomen	Plusquamperfekt		Futur 2		
ich	hatte	gelebt	werde	gelebt	haben
du	hattest	gelebt	wirst	gelebt	haben
er	hatte	gelebt	wird	gelebt	haben
sie	hatte	gelebt	wird	gelebt	haben
es	hatte	gelebt	wird	gelebt	haben
wir	hatten	gelebt	werden	gelebt	haben
ihr	hattet	gelebt	werdet	gelebt	haben
Sie	hatten	gelebt	werden	gelebt	haben
sie	hatten	gelebt	werden	gelebt	haben

sagen (sheegid)

Englisch : say / tell

Personal Pronomen	Präsens	Präteritum	Perfekt	Futur 1
ich	sage	sagte	habe gesagt	werde sagen
du	sagst	sagtest	hast gesagt	wirst sagen
er	sagt	sagte	hat gesagt	wird sagen
sie	sagt	sagte	hat gesagt	wird sagen
es	sagt	sagte	hat gesagt	wird sagen
wir	sagen	sagten	haben gesagt	werden sagen
ihr	sagt	sagtet	habt gesagt	werdet sagen
Sie	sagen	sagten	haben gesagt	werden sagen
sie	sagen	sagten	haben gesagt	Werden sagen

Personal Pronomen	Plusquamperfekt	Futur 2
ich	hatte gesagt	werde gesagt haben
du	hattest gesagt	wirst gesagt haben
er	hatte gesagt	wird gesagt haben
sie	hatte gesagt	wird gesagt haben
es	hatte gesagt	wird gesagt haben
wir	hatten gesagt	werden gesagt haben
ihr	hattet gesagt	werdet gesagt haben
Sie	hatten gesagt	werden gesagt haben
sie	hatten gesagt	werde n gesagt haben

arbeiten (shaqo)

Englisch : work

Personal Pronomen	Präsens	Präteritum	Perfekt	Futur 1
ich	arbeite	arbeitete	habe gearbeitet	werde arbeiten
du	arbeitest	arbeitetest	hast gearbeitet	wirst arbeiten
er	arbeitet	arbeitete	hat gearbeitet	wird arbeiten
sie	arbeitet	arbeitete	hat gearbeitet	wird arbeiten
es	arbeitet	arbeitete	hat gearbeitet	wird arbeiten
wir	arbeiten	arbeiteten	haben gearbeitet	werden arbeiten
ihr	arbeitet	arbeitetet	habt gearbeitet	werdet arbeiten
Sie	arbeiten	arbeiteten	haben gearbeitet	werden arbeiten
sie	arbeiten	arbeiteten	haben gearbeitet	werden arbeiten

Personal Pronomen	Plusquamperfekt	Futur 2		
ich	hatte gearbeitet	werde	gearbeitet	haben
du	hattest gearbeitet	wirst	gearbeitet	haben
er	hatte gearbeitet	wird	gearbeitet	haben
sie	hatte gearbeitet	wird	gearbeitet	haben
es	hatte gearbeitet	wird	gearbeitet	haben
wir	hatten gearbeitet	werden	gearbeitet	haben
ihr	hattet gearbeitet	werdet	gearbeitet	haben
Sie	hatten gearbeitet	werden	gearbeitet	haben
sie	hatten gearbeitet	werden	gearbeitet	haben

geben (siin)

Englisch : give

Personal Pronomen	Präsens	Präteritum	Perfekt		Futur 1	
ich	gebe	gab	habe	gegeben	werde	geben
du	gibst	gabst	hast	gegeben	wirst	geben
er	gibt	gab	hat	gegeben	wird	geben
sie	gibt	gab	hat	gegeben	wird	geben
es	gibt	gab	hat	gegeben	wird	geben
wir	geben	gaben	haben	gegeben	werden	geben
ihr	gebt	gabt	habt	gegeben	werdet	geben
Sie	geben	gaben	haben	gegeben	werden	geben
sie	geben	gaben	haben	gegeben	werden	geben

Personal Pronomen	Plusquamperfekt		Futur 2		
ich	hatte	gegeben	werde	gegeben	haben
du	hattest	gegeben	wirst	gegeben	haben
er	hatte	gegeben	wird	gegeben	haben
sie	hatte	gegeben	wird	gegeben	haben
es	hatte	gegeben	wird	gegeben	haben
wir	hatten	gegeben	werden	gegeben	haben
ihr	hattet	gegeben	werden	gegeben	haben
Sie	hatten	gegeben	werden	gegeben	haben
sie	hatten	gegeben	werden	gegeben	haben

helfen (caawin /gargaarid)

Englisch : help /aid /assit

Personal Pronomen	Präsens	Präteritum	Perfekt		Futur 1	
ich	helfe	half	habe	geholfen	werde	helfen
du	hilfst	halfst	hast	geholfen	wirst	helfen
er	hilft	half	hat	geholfen	wird	helfen
sie	hilft	half	hat	geholfen	wird	helfen
es	hilft	half	hat	geholfen	wird	helfen
wir	helfen	halfen	haben	geholfen	werden	helfen
ihr	helft	halft	habt	geholfen	werdet	helfen
Sie	helfen	halfen	Haben	geholfen	werden	helfen
sie	helfen	halfen	haben	geholfen	werden	helfen

Personal Pronomen	Plusquamperfekt		Futur 2		
ich	hatte	geholfen	werde	geholfen	haben
du	hattest	geholfen	wirst	geholfen	haben
er	hatte	geholfen	wird	geholfen	haben
sie	hatte	geholfen	wird	geholfen	haben
es	hatte	geholfen	wird	geholfen	haben
wir	hatten	geholfen	werden	geholfen	haben
ihr	hattet	geholfen	werdet	geholfen	haben
Sie	hatten	geholfen	werden	geholfen	haben
sie	hatten	geholfen	werden	geholfen	haben

danken (u mahad naqid / mahad naq)

Englisch : thank

Personal Pronomen	Präsens	Präteritum	Perfekt		Futur 1	
ich	danke	dankte	habe	gedankt	werde	danken
du	dankst	danktest	hast	gedankt	wirst	danken
er	dankt	dankte	Hat	gedankt	wird	danken
sie	dankt	dankte	Hat	gedankt	wird	danken
es	dankt	dankte	Hat	gedankt	wird	danken
wir	danken	dankten	haben	gedankt	werden	danken
ihr	dankt	danktet	habt	gedankt	werdet	danken
Sie	danken	dankten	Haben	gedankt	werden	danken
Sie	danken	dankten	Haben	gedankt	werden	danken

Personal Pronomen	Plusquamperfekt		Futur 2		
ich	hatte	gedankt	werde	gedankt	haben
du	hattest	gedankt	wirst	gedankt	haben
er	hatte	gedankt	wird	gedankt	haben
sie	hatte	gedankt	wird	gedankt	haben
es	hatte	gedankt	wird	gedankt	haben
wir	hatten	gedankt	werden	gedankt	haben
ihr	hattet	gedankt	werdet	gedankt	haben
Sie	hatten	gedankt	werden	gedankt	haben
sie	hatten	gedankt	werden	gedankt	haben

lieben (jacayl)

Englisch : love /make love

Personal Pronomen	Präsens	Präteritum	Perfekt	Futur 1
ich	liebe	liebte	habe geliebt	werde lieben
du	liebst	liebtest	hast geliebt	wirst lieben
er	liebt	liebte	hat geliebt	wird lieben
sie	liebt	liebte	hat geliebt	wird lieben
es	liebt	liebte	hat geliebt	wird lieben
wir	lieben	liebten	haben geliebt	werden lieben
ihr	liebt	liebtet	habt geliebt	werdet lieben
Sie	lieben	liebten	haben geliebt	werden lieben
sie	lieben	liebten	haben geliebt	werden lieben

Personal Pronomen	Plusquamperfekt	Futur 2	
ich	hatte geliebt	werde geliebt	haben
du	hattest geliebt	wirst geliebt	haben
er	hatte geliebt	wird geliebt	haben
sie	hatte geliebt	wird geliebt	haben
es	hatte geliebt	wird geliebt	haben
wir	hatten geliebt	werden geliebt	haben
ihr	hattet geliebt	werdet geliebt	haben
Sie	hatten geliebt	werden geliebt	haben
sie	hatten geliebt	werden geliebt	haben

beginnen (bilaabid)

Englisch : start /begin

Personal Pronomen	Präsens	Präteritum	Perfekt		Futur 1	
ich	beginne	begann	habe	begonnen	werde	beginnen
du	beginnst	begannst	hast	begonnen	wirst	beginnen
er	beginnt	begann	hat	begonnen	wird	beginnen
sie	beginnt	begann	hat	begonnen	wird	beginnen
es	beginnt	begann	hat	begonnen	wird	beginnen
wir	beginnen	begannen	haben	begonnen	werden	beginnen
ihr	beginnt	begannt	habt	begonnen	werdet	beginnen
Sie	beginnen	begannen	haben	begonnen	werden	beginnen
sie	beginnen	begannen	haben	begonnen	werden	beginnen

Personal Pronomen	Plusquamperfekt		Futur 2		
ich	hatte	begonnen	werde	begonnen	haben
du	hattest	begonnen	wirst	begonnen	haben
er	hatte	begonnen	wird	begonnen	haben
sie	hatte	begonnen	wird	begonnen	haben
es	hatte	begonnen	wird	begonnen	haben
wir	hatten	begonnen	werden	begonnen	haben
ihr	hattet	begonnen	werdet	begonnen	haben
Sie	hatten	begonnen	werden	begonnen	haben
sie	hatten	begonnen	werden	begonnen	haben

erklären (sharaxaad / faahfaahin)

Englisch : explain

Personal Pronomen	Präsens	Präteritum	Perfekt		Futur 1	
ich	erkläre	erklärte	habe	erklärt	werde	erklären
du	erklärst	erklärtest	hast	erklärt	wirst	erklären
er	erklärt	erklärte	hat	erklärt	wird	erklären
sie	erklärt	erklärte	hat	erklärt	wird	erklären
es	erklärt	erklärte	hat	erklärt	wird	erklären
wir	erklären	erklärten	Haben	erklärt	werden	erklären
ihr	erklärt	erklärtet	Habt	erklärt	werdet	erklären
Sie	erklären	erklärten	Haben	erklärt	werden	erklären
sie	erklären	erklärten	Haben	erklärt	werden	erklären

Personal Pronomen	Plusquamperfekt		Futur 2		
ich	hatte	erklärt	werde	erklärt	haben
du	hattest	erklärt	wirst	erklärt	haben
er	hatte	erklärt	wird	erklärt	haben
sie	hatte	erklärt	wird	erklärt	haben
es	hatte	erklärt	wird	erklärt	haben
wir	hatten	erklärt	werden	erklärt	haben
ihr	hattet	erklärt	werdet	erklärt	haben
Sie	hatten	erklärt	werden	erklärt	haben
sie	hatten	erklärt	werden	erklärt	haben

finden (helid)

Personal Pronomen	Präsens	Präteritum	Perfekt		Futur 1	
ich	finde	fand	habe	gefunden	werde	finden
du	findest	fandest	hast	gefunden	wirst	finden
er	findet	fand	hat	gefunden	wird	finden
sie	findet	fand	hat	gefunden	wird	finden
es	findet	fand	hat	gefunden	wird	finden
wir	finden	fanden	haben	gefunden	werden	finden
ihr	findet	fandet	habt	gefunden	Werdet	finden
Sie	finden	fanden	haben	gefunden	werden	finden
sie	finden	fanden	haben	gefunden	werden	finden

Personal Pronomen	Plusquamperfekt		Futur 2		
ich	hatte	gefunden	werde	gefunden	haben
du	hattest	gefunden	wirst	gefunden	haben
er	hatte	gefunden	wird	gefunden	haben
sie	hatte	gefunden	wird	gefunden	haben
es	hatte	gefunden	wird	gefunden	haben
wir	hatten	gefunden	werden	gefunden	haben
ihr	hattet	gefunden	werdet	gefunden	haben
Sie	hatten	gefunden	werden	gefunden	haben
sie	hatten	gefunden	werden	gefunden	haben

fühlen (dareen)

Personal Pronomen	Präsens	Präteritum	Perfekt		Futur 1	
ich	fühle	fühlte	habe	gefühlt	werde	fühlen
du	fühlst	fühltest	hast	gefühlt	wirst	fühlen
er	fühlt	fühlte	hat	gefühlt	wird	fühlen
sie	fühlt	fühlte	hat	gefühlt	wird	fühlen
es	fühlt	fühlte	hat	gefühlt	wird	fühlen
wir	fühlen	fühlten	haben	gefühlt	werden	fühlen
ihr	fühlt	fühltet	habt	gefühlt	werdet	fühlen
Sie	fühlen	fühlten	haben	gefühlt	werden	fühlen
Sie	fühlen	fühlten	haben	gefühlt	werden	fühlen

Personal Pronomen	Plusquamperfekt		Futur 2		
ich	hatte	gefühlt	werde	gefühlt	haben
du	hattest	gefühlt	wirst	gefühlt	haben
er	hatte	gefühlt	wird	gefühlt	haben
sie	hatte	gefühlt	wird	gefühlt	haben
es	hatte	gefühlt	wird	gefühlt	haben
wir	hatten	gefühlt	werden	gefühlt	haben
ihr	hattet	gefühlt	werdet	gefühlt	haben
Sie	hatten	gefühlt	werden	gefühlt	haben
sie	hatten	gefühlt	werden	gefühlt	haben

gewinnen (guuleysasho)

Personal Pronomen	Präsens	Präteritum	Perfekt	Futur 1
ich	gewinne	gewann	habe gewonnen	werde gewinnen
du	gewinnst	gewannst	hast gewonnen	wirst gewinnen
er	gewinnt	gewann	hat gewonnen	wird gewinnen
sie	gewinnt	gewann	hat gewonnen	wird gewinnen
es	gewinnt	gewann	hat gewonnen	wird gewinnen
wir	gewinnen	gewannen	haben gewonnen	werden gewinnen
ihr	gewinnt	gewannt	habt gewonnen	werdet gewinnen
Sie	gewinnen	gewannen	haben gewonnen	werden gewinnen
sie	gewinnen	gewannen	haben gewonnen	werden gewinnen

Personal Pronomen	Plusquamperfekt	Futur 2
ich	hatte gewonnen	werde gewonnen haben
du	hattest gewonnen	wirst gewonnen haben
er	hatte gewonnen	wird gewonnen haben
sie	hatte gewonnen	wird gewonnen haben
es	hatte gewonnen	wird gewonnen haben
wir	hatten gewonnen	werden gewonnen haben
ihr	hattet gewonnen	werdet gewonnen haben
Sie	hatten gewonnen	werden gewonnen haben
sie	hatten gewonnen	werden gewonnen haben

halten (jooji / joogso)

Englisch : stop /hold

Personal Pronomen	Präsens	Präteritum	Perfekt		Futur 1	
ich	halte	hielt	habe	gehalten	werde	halten
du	hältst	hieltest	hast	gehalten	wirst	halten
er	hält	hielt	hat	gehalten	wird	halten
sie	hält	hielt	hat	gehalten	wird	halten
es	hält	hielt	hat.	gehalten	wird	halten
wir	halten	hielten	haben	gehalten	werden	halten
ihr	haltet	hieltet	habt	gehalten	werdet	halten
Sie	halten	hielten	haben	gehalten	werden	halten
sie	halten	hielten	haben	gehalten	werden	halten

Personal Pronomen	Plusquamperfekt		Futur 2		
ich	hatte	gehalten	werde	gehalten	haben
du	hattest	gehalten	wirst	gehalten	haben
er	hatte	gehalten	wird	gehalten	haben
sie	hatte	gehalten	wird	gehalten	haben
es	hatte	gehalten	wird	gehalten	haben
wir	hatten	gehalten	werden	gehalten	haben
ihr	hatte t	gehalten	werdet	gehalten	haben
Sie	hatten	gehalten	werden	gehalten	haben
sie	hatten	gehalten	werden	gehalten	haben

sich interessieren (xiiso / xiiseyn)

Englisch : interest

Personal-Pronomen	Präsens	Präteritum	Perfekt	Futur 1
ich	interessiere mich	interessierte mich	habe mich interessiert	werde mich interessieren
du	interessierst dich	interessiertest dich	hast dich interessiert	wirst dich interessieren
er	interessiert sich	interessierte sich	hat sich interessiert	wird sich interessieren
sie	interessiert sich	interessierte sich	hat sich interessiert	wird sich interessieren
es	interessiert sich	interessierte sich	hat sich interessiert	wird sich interessieren
wir	interessieren uns	interessierten uns	haben uns interessiert	werden uns interessieren
ihr	interessiert euch	interessiertet euch	habt euch interessiert	werdet euch interessieren
Sie	interessieren sich	interessierten sich	haben sich interessiert	werden sich interessieren
sie	interessieren sich	interessierten sich	haben sich interessiert	werden sich interessieren

Personal-Pronomen	Plusquamperfekt	Futur 2
ich	hatte mich interessiert	werde mich interessiert haben
du	hattest dich interessiert	wirst dich interessiert haben
er	hatte sich interessiert	wird sich interessiert haben
sie	hatte sich interessiert	wird sich interessiert haben
es	hatte sich interessiert	wird sich interessiert haben
wir	hatten uns interessiert	werden uns interessiert haben
ihr	hattet euch interessiert	werdet euch interessiert haben
Sie	hatten sich interessiert	werden sich interessiert haben
sie	hatten sich interessiert	werden sich interessiert haben

liegen (jiifa)

Englisch : lie

Personal-Pronomen	Präsens	Präteritum	Perfekt		Futur 1	
ich	liege	lag	habe	gelegen	werde	liegen
du	liegst	lagst	hast	gelegen	wirst	liegen
er	liegt	lag	hat	gelegen	wird	liegen
sie	liegt	lag	hat	gelegen	wird	liegen
es	liegt	lag	hat	gelegen	wird	liegen
wir	liegen	lagen	haben	gelegen	werden	liegen
ihr	liegt	lagt	habt	gelegen	werdet	liegen
Sie	liegen	lagen	haben	gelegen	werden	liegen
sie	liegen	lagen	haben	gelegen	werden	liegen

Personal-Pronomen	Plusquamperfekt		Futur 2		
ich	hatte	gelegen	werde	gelegen	haben
du	hattest	gelegen	wirst	gelegen	haben
er	hatte	gelegen	wird	gelegen	haben
sie	hatte	gelegen	wird	gelegen	haben
es	hatte	gelegen	wird	gelegen	haben
wir	hatten	gelegen	werden	gelegen	haben
ihr	hattet	gelegen	werdet	gelegen	haben
Sie	hatten	gelegen	werden	gelegen	haben
sie	hatten	gelegen	werden	gelegen	haben

sehen (arag / eegid)

Englisch : view /see

Personal Pronomen	Präsens	Präteritum	Perfekt		Futur 1	
ich	sehe	sah	habe	gesehen	werde	sehen
du	siehst	sahst	hast	gesehen	wirst	sehen
er	sieht	sah	hat	gesehen	wird	sehen
sie	sieht	sah	hast	gesehen	wird	sehen
es	sieht	sah	hast	gesehen	wird	sehen
wir	sehen	sahen	haben	gesehen	werden	sehen
ihr	seht	saht	hast	gesehen	werdet	sehen
Sie	sehen	sahen	haben	gesehen	werden	sehen
sie	sehen	sahen	haben	gesehen	werden	sehen

Personal Pronomen	Plusquamperfekt		Futur 2		
ich	hatte	gesehen	werde	gesehen	haben
du	hattest	gesehen	wirst	gesehen	haben
er	hatte	gesehen	wird	gesehen	haben
sie	hatte	gesehen	wird	gesehen	haben
es	hatte	gesehen	wird	gesehen	haben
wir	hatten	gesehen	werden	gesehen	haben
ihr	hattet	gesehen	werdet	gesehen	haben
Sie	hatten	gesehen	werden	gesehen	haben
sie	hatten	gesehen	werden	gesehen	haben

sitzen (fadhi / fadhiisasho)

Englisch : sit /sit on /have a seat

Personal Pronomen	Präsens	Präteritum	Perfekt		Futur 1	
ich	sitze	saß	haben	gesessen	werde	sitzen
du	sitzt	saßest	hast	gesessen	wirst	sitzen
er	sitzt	saß	hat	gesessen	wird	sitzen
sie	sitzt	saß	hat	gesessen	wird	sitzen
es	sitzt	saß	hat	gesessen	wird	sitzen
wir	sitzen	saßen	haben	gesessen	werden	sitzen
ihr	sitzt	saßet	habt	gesessen	werdet	sitzen
Sie	sitzen	saßen	haben	gesessen	werden	sitzen
sie	sitzen	saßen	haben	gesessen	werden	sitzen

Personal Pronomen	Plusquamperfekt		Futur 2		
ich	hatte	gesessen	werde	gesessen	haben
du	hattest	gesessen	wirst	gesessen	haben
er	hatte	gesessen	wird	gesessen	haben
sie	hatte	gesessen	wird	gesessen	haben
es	hatte	gesessen	wird	gesessen	haben
wir	hatten	gesessen	werden	gesessen	haben
ihr	hattet	gesessen	werdet	gesessen	haben
Sie	hatten	gesessen	werden	gesessen	haben
sie	hatten	gesessen	werden	gesessen	haben

stehen (istaagid)

Englisch : stand

Personal Pronomen	Präsens	Präteritum	Perfekt		Futur 1	
ich	stehe	stand	habe	gestanden	werde	stehen
du	stehst	standst /standest	hast	gestanden	wirst	stehen
er	steht	stand	hat	gestanden	wird	stehen
sie	steht	stand	hat	gestanden	wird	stehen
es	steht	stand	hat	gestanden	wird	stehen
wir	stehen	standen	haben	gestanden	werden	stehen
ihr	steht	standet	habt	gestanden	werdet	stehen
Sie	stehen	standen	haben	gestanden	werden	stehen
sie	stehen	standen	haben	gestanden	werden	stehen

Personal Pronomen	Plusquamperfekt		Futur 2		
ich	hatte	gestanden	werde	gestanden	haben
du	hattest	gestanden	wirst	gestanden	haben
er	hatte	gestanden	wird	gestanden	haben
sie	hatte	gestanden	wird	gestanden	haben
es	hatte	gestanden	wird	gestanden	haben
wir	hatten	gestanden	werden	gestanden	haben
ihr	hattet	gestanden	werdet	gestanden	haben
Sie	hatten	gestanden	werden	gestanden	haben
sie	hatten	gestanden	werden	gestanden	haben

studieren (waxbarasho)

Englisch : study /be a student

Personal Pronomen	Präsens	Präteritum	Perfekt	Futur 1
ich	studiere	studierte	habe studiert	werde studieren
du	studierst	studiertest	hast studiert	wirst studieren
er	studiert	studierte	hat studiert	wird studieren
sie	studiert	studierte	hat studiert	wird studieren
es	studiert	studierte	hat studiert	wird studieren
wir	studieren	studierten	haben studiert	werden studieren
ihr	studiert	studiertet	haben studiert	werdet studieren
Sie	studieren	studierten	habt studiert	werden studieren
sie	studieren	studierten	haben studiert	werden studieren

Personal Pronomen	Plusquamperfekt	Futur 2
ich	hatte studiert	werde studiert haben
du	hattest studiert	wirst studiert haben
er	hatte studiert	wird studiert haben
sie	hatte studiert	wird studiert haben
es	hatte studiert	wird studiert haben
wir	hatten studiert	werden studiert haben
ihr	hattet studiert	werdet studiert haben
Sie	hatten studiert	werden studiert haben
sie	hatten studiert	werden studiert haben

suchen (raadin / deydeyid)

Englisch : search / try /look for

Personal Pronomen	Präsens	Präteritum	Perfekt		Futur 1	
ich	suche	suchte	habe	gesucht	werde	suchen
du	suchst	suchtest	hast	gesucht	wirst	suchen
er	sucht	suchte	hat	gesucht	wird	suchen
sie	sucht	suchte	hat	gesucht	wird	suchen
es	sucht	suchte	hat	gesucht	wird	suchen
wir	suchen	suchten	haben	gesucht	werden	suchen
ihr	sucht	suchtet	habt	gesucht	werdet	suchen
Sie	suchen	suchten	haben	gesucht	werden	suchen
sie	suchen	suchten	haben	gesucht	werden	suchen

Personal Pronomen	Plusquamperfekt		Futur 2		
ich	hatte	gesucht	werde	gesucht	haben
du	hattest	gesucht	wirst	gesucht	haben
er	hatte	gesucht	wird	gesucht	haben
sie	hatte	gesucht	wird	gesucht	haben
es	hatte	gesucht	wird	gesucht	haben
wir	hatten	gesucht	werden	gesucht	haben
ihr	hattet	gesucht	werdet	gesucht	haben
Sie	hatten	gesucht	werden	gesucht	haben
sie	hatten	gesucht	werden	gesucht	haben

warten (sugid /sugitaan)

Englisch : wait

Personal Pronomen	Präsens	Präteritum	Perfekt	Futur 1
ich	warte	wartete	habe gewartet	werde warten
du	wartest	wartetest	hast gewartet	wirst warten
er	wartet	wartete	hat gewartet	wird warten
sie	wartet	wartete	hat gewartet	wird warten
es	wartet	wartete	hat gewartet	wird warten
wir	warten	warteten	haben gewartet	werden warten
ihr	wartet	waretet	habt gewartet	werdet warten
Sie	warten	wareteten	haben gewartet	werden warten
sie	warten	wareteten	haben gewartet	werden warten

Personal Pronomen	Plusquamperfekt	Futur 2
ich	hatte gewartet	werde gewartet haben
du	hattest gewartet	wirst gewartet haben
er	hatte gewartet	wird gewartet haben
sie	hatte gewartet	wird gewartet haben
es	hatte gewartet	wird gewartet haben
wir	hatten gewartet	werden gewartet haben
ihr	hattet gewartet	werdet gewartet haben
Sie	hatten gewartet	werden gewartet haben
sie	hatten gewartet	werden gewartet haben

bleiben (joogid)

Englisch : stay / remain

Personal - Pronomen	Präsens	Präteritum	Perfekt	Futur 1
ich	bleibe	blieb	bin geblieben	werde bleiben
du	bleibst	bliebst	bist geblieben	wirst bleiben
er	bleibt	blieb	ist geblieben	wird bleiben
sie	bleibt	blieb	ist geblieben	wird bleiben
es	bleibt	blieb	ist geblieben	wird bleiben
wir	bleiben	blieben	sind geblieben	werden bleiben
ihr	bleibt	bliebt	seid geblieben	werdet bleiben
Sie	bleiben	blieben	sind geblieben	werden bleiben
sie	bleiben	blieben	sind geblieben	werden bleiben

Personal - Pronomen	Plusquamperfekt	Futur 2
ich	war geblieben	werde geblieben sein
du	warst geblieben	wirst geblieben sein
er	war geblieben	wird geblieben sein
sie	war geblieben	wird geblieben sein
es	war geblieben	wird geblieben sein
wir	waren geblieben	werden geblieben sein
ihr	wart geblieben	werdet geblieben sein
Sie	waren geblieben	werden geblieben sein
sie	waren geblieben	werden geblieben sein

bekommen (helid)

Englisch : receive / get

Personal - Pronomen	Präsens	Präteritum	Perfekt		Futur 1	
ich	bekomme	bekam	habe	bekommen	werde	bekommen
du	bekommst	bekamst	hast	bekommen	wirst	bekommen
er	bekommt	bekam	hat	bekommen	wird	bekommen
sie	bekommt	bekam	hat	bekommen	wird	bekommen
es	bekommt	bekam	hat	bekommen	wird	bekommen
wir	bekommen	bekamen	haben	bekommen	werden	bekommen
ihr	bekommt	bekamt	habt	bekommen	werdet	bekommen
Sie	bekommen	bekamen	haben	bekommen	werden	bekommen
sie	bekommen	bekamen	haben	bekommen	werden	bekommen

Personal - Pronomen	Plusquamperfekt		Futur 2		
ich	hatte	bekommen	werde	bekommen	haben
du	hattest	bekommen	wirst	bekommen	haben
er	hatte	bekommen	wird	bekommen	haben
sie	hatte	bekommen	wird	bekommen	haben
es	hatte	bekommen	wird	bekommen	haben
wir	hatten	bekommen	werden	bekommen	haben
ihr	hattet	bekommen	werdet	bekommen	haben
Sie	hatten	bekommen	werden	bekommen	haben
sie	hatten	bekommen	werden	bekommen	haben

bestehen (baasid / barmoosid)

Englisch : pass

Personal Pronomen	Präsens	Präteritum	Perfekt		Futur 1	
ich	bestehe	bestand	habe	bestanden	werde	bestehen
du	bestehst	bestandest	hast	bestanden	wirst	bestehen
er	besteht	bestand	hat	bestanden	wird	bestehen
sie	besteht	bestand	hat	bestanden	wird	bestehen
es	besteht	bestand	hat	bestanden	wird	bestehen
wir	bestehen	bestanden	haben	bestanden	werden	bestehen
ihr	besteht	bestandet	habt	bestanden	werdet	bestehen
Sie	bestehen	bestanden	haben	bestanden	werden	bestehen
sie	bestehen	bestanden	haben	bestanden	werden	bestehen

Personal Pronomen	Plusquamperfekt		Futur 2		
ich	hatte	bestanden	werde	bestanden	haben
du	hattest	bestanden	wirst	bestanden	haben
er	hatte	bestanden	wird	bestanden	haben
sie	hatte	bestanden	wird	bestanden	haben
es	hatte	bestanden	wird	bestanden	haben
wir	hatten	bestanden	werden	bestanden	haben
ihr	hattet	bestanden	werdet	bestanden	haben
Sie	hatten	bestanden	werden	bestanden	haben
sie	hatten	bestanden	werden	bestanden	haben

sich bilden ? (aas aasid)

Englisch : set up / form / establish

Personal Pronomen	Präsens	Präteritum	Perfekt	Futur 1
ich	bilde mich	bildete mich	habe mich gebildet	werde mich bilden
du	bildest dich	bildetest dich	hast dich gebildet	wirst dich bilden
er	bildet sich	bildete sich	hat sich gebildet	wird sich bilden
sie	bildet sich	bildete sich	hat sich gebildet	wird sich bilden
es	bildet sich	bildete sich	hat sich gebildet	wird sich bilden
wir	bilden sich	bildeten uns	haben uns gebildet	werden uns bilden
ihr	bildet sich	bildetet euch	habt euch gebildet	werdet euch bilden
Sie	bilden sich	bildeten sich	haben sich gebildet	werden sich bilden
sie	bilden sich	bildeten sich	haben sich gebildet	werden sich bilden

Personal Pronomen	Plusquamperfekt	Futur 2
ich	hatte mich gebildet	werde mich gebildet haben
du	hattest dich gebildet	wirst dich gebildet haben
er	hatte sich gebildet	wird sich gebildet haben
sie	hatte sich gebildet	wird sich gebildet haben
es	hatte sich gebildet	wird sich gebildet haben
wir	hatten uns gebildet	werden uns gebildet haben
ihr	hattet euch gebildet	werdet euch gebildet haben
Sie	hatten sich gebildet	werden sich gebildet haben
sie	hatten sich gebildet	werden sich gebildet haben

brauchen (u baahnaansho)

Englisch : need / want

Personal Pronomen	Präsens	Präteritum	Perfekt		Futur 1	
ich	brauche	brauchte	habe	gebraucht	werde	brauchen
du	brauchst	brauchtest	hast	gebraucht	wirst	brauchen
er	braucht	brauchte	hat	gebraucht	wird	brauchen
sie	braucht	brauchte	hat	gebraucht	wird	brauchen
es	braucht	brauchte	hat	gebraucht	wird	brauchen
wir	brauchen	brauchten	haben	gebraucht	werden	brauchen
ihr	braucht	brauchtet	habt	gebraucht	werdet	brauchen
Sie	brauchen	brauchten	haben	gebraucht	werden	brauchen
sie	brauchen	brauchten	haben	gebraucht	werden	brauchen

Personal Pronomen	Plusquamperfekt		Futur 2		
ich	hatte	gebraucht	werde	gebraucht	haben
du	hattest	gebraucht	wirst	gebraucht	haben
er	hatte	gebraucht	wird	gebraucht	haben
sie	hatte	gebraucht	wird	gebraucht	haben
es	hatte	gebraucht	wird	gebraucht	haben
wir	hatten	gebraucht	werden	gebraucht	haben
ihr	hattet	gebraucht	werdet	gebraucht	haben
Sie	hatten	gebraucht	werden	gebraucht	haben
sie	hatten	gebraucht	werden	gebraucht	haben

fragen (Su,aal /weydiin)

Englisch : question / ask

Personal Pronomen	Präsens	Präteritum	Perfekt		Futur 1	
ich	frage	fragte	habe	gefragt	werde	fragen
du	fragst	fragtest	hast	gefragt	wirst	fragen
er	fragt	fragte	hat	gefragt	wird	fragen
sie	fragt	fragte	hat	gefragt	wird	fragen
es	fragt	fragte	hat	gefragt	wird	fragen
wir	fragen	fragten	haben	gefragt	werden	fragen
ihr	fragt	fragtet	habt	gefragt	werdet	fragen
Sie	fragen	fragten	haben	gefragt	werden	fragen
sie	fragen	fragten	haben	gefragt	werden	fragen

Personal Pronomen	Plusquamperfekt		Futur 2		
ich	hatte	gefragt	werde	gefragt	haben
du	hattest	gefragt	wirst	gefragt	haben
er	hatte	gefragt	wird	gefragt	haben
sie	hatte	gefragt	wird	gefragt	haben
es	hatte	gefragt	wird	gefragt	haben
wir	hatten	gefragt	werden	gefragt	haben
ihr	hattet	gefragt	werdet	gefragt	haben
Sie	hatten	gefragt	werden	gefragt	haben
sie	hatten	gefragt	werden	gefragt	haben

führen (hogaamin)

Englisch : guide / lead

Personal Pronomen	Präsens	Präteritum	Perfekt		Futur 1	
ich	führe	führte	habe	geführt	werde	führen
du	führst	führtest	hast	geführt	wirst	führen
er	führt	führte	hat	geführt	wird	führen
sie	führt	führte	hat	geführt	wird	führen
es	führt	führte	hat	geführt	wird	führen
wir	führen	führten	haben	geführt	werden	führen
ihr	führt	führtet	habt	geführt	werdet	führen
Sie	führen	führten	haben	geführt	werden	führen
sie	führen	führten	haben	geführt	werden	führen

Personal Pronomen	Plusquamperfekt		Futur 2		
ich	hatte	geführt	werde	geführt	haben
du	hattest	geführt	wirst	geführt	haben
er	hatte	geführt	wird	geführt	haben
sie	hatte	geführt	wird	geführt	haben
es	hatte	geführt	wird	geführt	haben
wir	hatten	geführt	werden	geführt	haben
ihr	hattet	geführt	werdet	geführt	haben
Sie	hatten	geführt	werden	geführt	haben
sie	hatten	geführt	werden	geführt	haben

gelten (dhicid)

Englisch : be valid

Personal Pronomen	Präsens	Präteritum	Perfekt		Futur 1	
ich	gelte	galt	habe	gegolten	werde	gelten
du	giltst	galtest/galtst	hast	gegolten	wirst	gelten
er	gilt	galt	hat	gegolten	wird	gelten
sie	gilt	galt	hat	gegolten	wird	gelten
es	gilt	galt	hat	gegolten	wird	gelten
wir	gelten	galten	Haben	gegolten	werden	gelten
ihr	geltet	galtet	habt	gegolten	werdet	gelten
Sie	gelten	galten	haben	gegolten	werden	gelten
sie	gelten	galten	haben	gegolten	werden	gelten

Personal Pronomen	Plusquamperfekt		Futur 2		
ich	hatte	gegolten	werde	gegolten	haben
du	hattest	gegolten	wirst	gegolten	haben
er	hatte	gegolten	wird	gegolten	haben
sie	hatte	gegolten	wird	gegolten	haben
es	hatte	gegolten	wird	gegolten	haben
wir	hatten	gegolten	werden	gegolten	haben
ihr	hattet	gegolten	werdet	gegolten	haben
Sie	hatten	gegolten	werden	gegolten	haben
sie	hatten	gegolten	werden	gegolten	haben

glauben (aaminid /aaminsan)

Englisch : believe / trust

Personal Pronomen	Präsens	Präteritum	Perfekt	Futur 1
ich	glaube	glaubte	habe geglaubt	werde glauben
du	glaubst	glaubtest	hast geglaubt	wirst glauben
er	glaubt	glaubte	hat geglaubt	wird glauben
sie	glaubt	glaubte	hat geglaubt	wird glauben
es	glaubt	glaubte	hat geglaubt	wird glauben
wir	glauben	glaubten	haben geglaubt	werden glauben
ihr	glaubt	glaubtet	habt geglaubt	werdet glauben
Sie	glauben	glaubten	haben geglaubt	werden glauben
sie	glauben	glaubten	haben geglaubt	werden glauben

Personal Pronomen	Plusquamperfekt	Futur 2		
ich	hatte geglaubt	werde	geglaubt	haben
du	hattest geglaubt	wirst	geglaubt	haben
er	hatte geglaubt	wird	geglaubt	haben
sie	hatte geglaubt	wird	geglaubt	haben
es	hatte geglaubt	wird	geglaubt	haben
wir	hatten geglaubt	werden	geglaubt	haben
ihr	hattet geglaubt	werdet	geglaubt	haben
Sie	hatten geglaubt	werden	geglaubt	haben
sie	hatten geglaubt	werden	geglaubt	haben

wissen (ogaansho)

Englisch : know / realize

Personal Pronomen	Präsens	Präteritum	Perfekt		Futur 1	
ich	weiß	wusste	habe	gewusst	werde	wissen
du	weißt	wusstest	hast	gewusst	wirst	wissen
er	weiß	wusste	hat	gewusst	wird	wissen
sie	weiß	wusste	hat	gewusst	wird	wissen
es	weiß	wusste	hat	gewusst	wird	wissen
wir	weißen	wussten	haben	gewusst	werden	wissen
ihr	wisst	wusstet	habt	gewusst	werdet	wissen
Sie	wissen	wussten	haben	gewusst	werden	wissen
sie	wissen	wussten	haben	gewusst	werden	wissen

Personal Pronomen	Plusquamperfekt		Futur 2		
ich	hatte	gewusst	werde	gewusst	haben
du	hattest	gewusst	wirst	gewusst	haben
er	hatte	gewusst	wird	gewusst	haben
sie	hatte	gewusst	wird	gewusst	haben
es	hatte	gewusst	wird	gewusst	haben
wir	hatten	gewusst	werden	gewusst	haben
ihr	hattet	gewusst	werdet	gewusst	haben
Sie	hatten	gewusst	werden	gewusst	haben
sie	hatten	gewusst	werden	gewusst	haben

meinen (ujeedo)

Englisch : mean / think

Personal Pronomen	Präsens	Präteritum	Perfekt	Futur 1
ich	meine	meinte	habe gemeint	werde meinen
du	meinst	meintest	hast gemeint	wirst meinen
er	meint	meinte	hat gemeint	wird meinen
sie	meint	meinte	hat gemeint	wird meinen
es	meint	meinte	hat gemeint	wird meinen
wir	meinen	meinten	haben gemeint	werden meinen
ihr	meint	meintet	habt gemeint	werdet meinen
Sie	meinen	meinten	haben gemeint	werden meinen
sie	meinen	meinten	haben gemeint	werden meinen

Personal Pronomen	Plusquamperfekt	Futur 2
ich	hatte gemeint	werde gemeint haben
du	hattest gemeint	wirst gemeint haben
er	hatte gemeint	wird gemeint haben
sie	hatte gemeint	wird gemeint haben
es	hatte gemeint	wird gemeint haben
wir	hatten gemeint	werden gemeint haben
ihr	hattet gemeint	werdet gemeint haben
Sie	hatten gemeint	werden gemeint haben
sie	hatten gemeint	werden gemeint haben

nehmen (qaadasho)

Englisch : take / pick up

Personal Pronomen	Präsens	Präteritum	Perfekt	Futur 1
ich	nehme	nahm	habe genommen	werde nehmen
du	nimmst	nahmst	hast genommen	wirst nehmen
er	nimmt	nahm	hat genommen	wird nehmen
sie	nimmt	nahm	hat genommen	wird nehmen
es	nimmt	nahm	hat genommen	wird nehmen
wir	nehmen	nahmen	haben genommen	werden nehmen
ihr	nehmt	nahmt	habt genommen	werdet nehmen
Sie	nehmen	nahmen	haben genommen	werden nehmen
sie	nehmen	nahmen	haben genommen	werden nehmen

Personal Pronomen	Plusquamperfekt	Futur 2
ich	hatte genommen	werde genommen haben
du	hattest genommen	wirst genommen haben
er	hatte genommen	wird genommen haben
sie	hatte genommen	wird genommen haben
es	hatte genommen	wird genommen haben
wir	hatten genommen	werden genommen haben
ihr	hattet genommen	werdet genommen haben
Sie	hatten genommen	werden genommen haben
sie	hatten genommen	werden genommen haben

nennen (magacaabid)

Englisch : be named / call / mention

Personal Pronomen	Präsens	Präteritum	Perfekt		Futur 1	
ich	nenne	nannte	habe	genannt	werde	nennen
du	nennst	nanntest	hast	genannt	wirst	nennen
er	nennt	nannte	hat	genannt	wird	nennen
sie	nennt	nannte	hat	genannt	wird	nennen
es	nennt	nannte	hat	genannt	wird	nennen
wir	nennen	nannten	haben	genannt	werden	nennen
ihr	nennt	nanntet	habt	genannt	werdet	nennen
Sie	nennen	nannten	haben	genannt	werden	nennen
sie	nennen	nannten	haben	genannt	werden	nennen

Personal Pronomen	Plusquamperfekt		Futur 2		
ich	hatte	genannt	werde	genannt	haben
du	hattest	genannt	wirst	genannt	haben
er	hatte	genannt	wird	genannt	haben
sie	hatte	genannt	wird	genannt	haben
es	hatte	genannt	wird	genannt	haben
wir	hatten	genannt	werden	genannt	haben
ihr	hattet	genannt	werdet	genannt	haben
Sie	hatten	genannt	werden	genannt	haben
sie	hatten	genannt	werden	genannt	haben

spielen (ciyaarid)

Englisch : play / acht

Personal Pronomen	Präsens	Präteritum	Perfekt		Futur 1	
ich	spiele	spielte	habe	gespielt	werde	spielen
du	spielst	spieltest	habe	gespielt	wirst	spielen
er	spielt	spielte	hat	gespielt	wird	spielen
sie	spielt	spielte	hat	gespielt	wird	spielen
es	spielt	spielte	hat	gespielt	wird	spielen
wir	spielen	spielten	haben	gespielt	werden	spielen
ihr	spielt	spieltet	habt	gespielt	werdet	spielen
Sie	spielen	spielten	haben	gespielt	werden	spielen
sie	spielen	spielten	haben	gespielt	werden	spielen

Personal Pronomen	Plusquamperfekt		Futur 2		
ich	hatte	gespielt	werde	gespielt	haben
du	hattest	gespielt	wirst	gespielt	haben
er	hatte	gespielt	wird	gespielt	haben
sie	hatte	gespielt	wird	gespielt	haben
es	hatte	gespielt	wird	gespielt	haben
wir	hatten	gespielt	werden	gespielt	haben
ihr	hattet	gespielt	werdet	gespielt	haben
Sie	hatten	gespielt	werden	gespielt	haben
sie	hatten	gespielt	werden	gespielt	haben

stellen (habayn /hagaajin)

Englisch : arrange / put

Personal Pronomen	Präsens	Präteritum	Perfekt		Futur 1	
ich	stelle	stellte	habe	gestellt	werde	stellen
du	stellst	stelltest	hast	gestellt	wirst	stellen
er	stellt	stellte	hat	gestellt	wird	stellen
sie	stellt	stellte	hat	gestellt	wird	stellen
es	stellt	stellte	hat	gestellt	wird	stellen
wir	stellen	stellten	haben	gestellt	werden	stellen
ihr	stellt	stelltet	habt	gestellt	werdet	stellen
Sie	stellen	stellten	haben	gestellt	werden	stellen
sie	stellen	stellten	haben	gestellt	werden	stellen

Personal Pronomen	Plusquamperfekt		Futur 2		
ich	hatte	gestellt	werde	gestellt	haben
du	hattest	gestellt	wirst	gestellt	haben
er	hatte	gestellt	wird	gestellt	haben
sie	hatte	gestellt	wird	gestellt	haben
es	hatte	gestellt	wird	gestellt	haben
wir	hatten	gestellt	werden	gestellt	haben
ihr	hattet	gestellt	werdet	gestellt	haben
Sie	hatten	gestellt	werden	gestellt	haben
sie	hatten	gestellt	werden	gestellt	haben

zeigen (tusid)

Englisch : show /point /indicate

Personal Pronomen	Präsens	Präteritum	Perfekt		Futur 1	
ich	zeige	zeigte	habe	gezeigt	werde	zeigen
du	zeigst	zeigtest	hast	gezeigt	wirst	zeigen
er	zeigt	zeigte	hat	gezeigt	wird	zeigen
sie	zeigt	zeigte	hat	gezeigt	wird	zeigen
es	zeigt	zeigte	hat	gezeigt	wird	zeigen
wir	zeigen	zeigten	haben	gezeigt	werden	zeigen
ihr	zeigt	zeigtet	habt	gezeigt	Werdet	zeigen
Sie	zeigen	zeigten	haben	gezeigt	Werden	zeigen
sie	zeigen	zeigten	haben	gezeigt	Werden	zeigen

Personal Pronomen	Plusquamperfekt		Futur 2		
ich	hatte	gezeigt	werde	gezeigt	haben
du	hattest	gezeigt	wirst	gezeigt	haben
er	hatte	gezeigt	wird	gezeigt	haben
sie	hatte	gezeigt	wird	gezeigt	haben
es	hatte	gezeigt	wird	gezeigt	haben
wir	hatten	gezeigt	werden	gezeigt	haben
ihr	hattet	gezeigt	werdet	gezeigt	haben
Sie	hatten	gezeigt	werden	gezeigt	haben
sie	hatten	gezeigt	werden	gezeigt	haben

bieten ( )

Englisch : present / provide /offer

Personal Pronomen	Präsens	Präteritum	Perfekt		Futur 1	
ich	biete	bot	habe	geboten	werde	bieten
du	bietest	botst	hast	geboten	wirst	bieten
er	bietet	bot	hat	geboten	wird	bieten
sie	bietet	bot	hat	geboten	wird	bieten
es	bietet	bot	hat	geboten	wird	bieten
wir	bieten	boten	haben	geboten	werden	bieten
ihr	bietet	botet	habt	geboten	werdet	bieten
Sie	bieten	boten	haben	geboten	werden	bieten
sie	bieten	boten	haben	geboten	werden	bieten

Personal Pronomen	Plusquamperfekt		Futur 2		
ich	hatte	geboten	werde	geboten	haben
du	hattest	geboten	wirst	geboten	haben
er	hatte	geboten	wird	geboten	haben
sie	hatte	geboten	wird	geboten	haben
es	hatte	geboten	wird	geboten	haben
wir	hatten	geboten	werden	geboten	haben
ihr	hattet	geboten	werdet	geboten	haben
Sie	hatten	geboten	werden	geboten	haben
sie	hatten	geboten	werden	geboten	haben

erzählen (u sheegid/ sharaxaad)

Englisch : narrate /tell

Personal Pronomen	Präsens	Präteritum	Perfekt		Futur 1	
ich	erzähle	erzählte	habe	erzählt	werde	erzählen
du	erzählst	erzähltest	hast	erzählt	wirst	erzählen
er	erzählt	erzählte	hat	erzählt	wird	erzählen
sie	erzählt	erzählte	hat	erzählt	wird	erzählen
es	erzählt	erzählte	hat	erzählt	wird	erzählen
wir	erzählen	erzählten	haben	erzählt	Werden	erzählen
ihr	erzählt	erzähltet	habt	erzählt	werdet	erzählen
Sie	erzählen	erzählten	haben	erzählt	werden	erzählen
sie	erzählen	erzählten	haben	erzählt	werden	erzählen

Personal Pronomen	Plusquamperfekt		Futur 2		
ich	hatte	erzählt	werde	erzählt	haben
du	hattest	erzählt	wirst	erzählt	haben
er	hatte	erzählt	wird	erzählt	haben
sie	hatte	erzählt	wird	erzählt	haben
es	hatte	erzählt	wird	erzählt	haben
wir	hatten	erzählt	werden	erzählt	haben
ihr	hattet	erzählt	werdet	erzählt	haben
Sie	hatten	erzählt	werden	erzählt	haben
sie	hatten	erzählt	werden	erzählt	haben

fehlen ( )

Englisch : be absent / lack

Personal Pronomen	Präsens	Präteritum	Perfekt	Futur 1
ich	fehle	fehlte	habe gefehlt	werde fehlen
du	fehlst	fehltest	hast gefehlt	wirst fehlen
er	fehlt	fehlte	hat gefehlt	wird fehlen
sie	fehlt	fehlte	hat gefehlt	wird fehlen
es	fehlt	fehlte	hat gefehlt	wird fehlen
wir	fehlen	fehlten	haben gefehlt	werden fehlen
ihr	fehlt	fehltet	habt gefehlt	werdet fehlen
Sie	fehlen	fehlten	haben gefehlt	werden fehlen
sie	fehlen	fehlten	haben gefehlt	werden fehlen

Personal Pronomen	Plusquamperfekt	Futur 2
ich	hatte gefehlt	werde gefehlt haben
du	hattest gefehlt	wirst gefehlt haben
er	hatte gefehlt	wird gefehlt haben
sie	hatte gefehlt	wird gefehlt haben
es	hatte gefehlt	wird gefehlt haben
wir	hatten gefehlt	werden gefehlt haben
ihr	hattet gefehlt	werdet gefehlt haben
Sie	hatten gefehlt	werden gefehlt haben
sie	hatten gefehlt	werden gefehlt haben

gehören (lahaansho)

Englisch : belong /deserve

Personal Pronomen	Präsens	Präteritum	Perfekt		Futur 1	
ich	gehöre	gehörte	habe	gehört	werde	gehören
du	gehörst	gehörtest	hast	gehört	wirst	gehören
er	gehört	gehörte	hat	gehört	wird	gehören
sie	gehört	gehörte	hat	gehört	wird	gehören
es	gehört	gehörte	hat	gehört	wird	gehören
wir	gehören	gehörten	haben	gehört	werden	gehören
ihr	gehört	gehörtet	habt	gehört	werdet	gehören
Sie	gehören	gehörten	haben	gehört	werden	gehören
sie	gehören	gehörten	haben	gehört	werden	gehören

Personal Pronomen	Plusquamperfekt		Futur 2		
ich	hatte	gehört	werde	gehört	haben
du	hattest	gehört	wirst	gehört	haben
er	hatte	gehört	wird	gehört	haben
sie	hatte	gehört	wird	gehört	haben
es	hatte	gehört	wird	gehört	haben
wir	hatten	gehört	werden	gehört	haben
ihr	hattet	gehört	werdet	gehört	haben
Sie	hatten	gehört	werden	gehört	haben
sie	hatten	gehört	werden	gehört	haben

handeln (wada xaajood)

Englisch : act /negotiate /behave

Personal Pronomen	Präsens	Präteritum	Perfekt		Futur 1	
ich	handle	handelte	habe	gehandelt	werde	handeln
du	handelst	handeltest	hast	gehandelt	wirst	handeln
er	handelt	handelte	hat	gehandelt	wird	handeln
sie	handelt	handelte	hat	gehandelt	wird	handeln
es	handelt	handelte	hat	gehandelt	wird	handeln
wir	handeln	handelten	haben	gehandelt	werden	handeln
ihr	handelt	handeltet	habt	gehandelt	werdet	handeln
Sie	handeln	handelten	haben	gehandelt	werden	handeln
sie	handeln	handelten	haben	gehandelt	werden	handeln

Personal Pronomen	Plusquamperfekt		Futur 2		
ich	hatte	gehandelt	werde	gehandelt	haben
du	hattest	gehandelt	wirst	gehandelt	haben
er	hatte	gehandelt	wird	gehandelt	haben
sie	hatte	gehandelt	wird	gehandelt	haben
es	hatte	gehandelt	wird	gehandelt	haben
wir	hatten	gehandelt	werden	gehandelt	haben
ihr	hatten	gehandelt	werdet	gehandelt	haben
Sie	hatten	gehandelt	werden	gehandelt	haben
sie	hatten	gehandelt	werden	gehandelt	haben

kennen (garasho / aqoonsasho)

Englisch : know

Personal Pronomen	Präsens	Präteritum	Perfekt	Futur 1
ich	kenne	kannte	habe gekannt	werde kennen
du	kennst	kanntest	hast gekannt	wirst kennen
er	kennt	kannte	hat gekannt	wird kennen
sie	kennt	kannte	hat gekannt	wird kennen
es	kennt	kannte	hat gekannt	wird kennen
wir	kennen	kannten	haben gekannt	werden kennen
ihr	kennt	kanntet	habt gekannt	werdet kennen
Sie	kennen	kannten	haben gekannt	werden kennen
sie	kennen	kannten	haben gekannt	werden kennen

Personal Pronomen	Plusquamperfekt	Futur 2
ich	hatte gekannt	werde gekannt haben
du	hattest gekannt	wirst gekannt haben
er	hatte gekannt	wird gekannt haben
sie	hatte gekannt	wird gekannt haben
es	hatte gekannt	wird gekannt haben
wir	hatten gekannt	werden gekannt haben
ihr	hattet gekannt	werdet gekannt haben
Sie	hatten gekannt	werden gekannt haben
sie	hatten gekannt	werden gekannt haben

laufen (tagid / orodid /)

Englisch : go /run /

Personal Pronomen	Präsens	Präteritum	Perfekt		Futur 1	
ich	laufe	lief	bin	gelaufen	werde	laufen
du	läufst	liefst	bist	gelaufen	wirst	laufen
er	läuft	lief	ist	gelaufen	wird	laufen
sie	läuft	lief	ist	gelaufen	wird	laufen
es	läuft	lief	ist	gelaufen	wird	laufen
wir	laufen	liefen	sind	gelaufen	werden	laufen
ihr	lauft	lieft	seid	gelaufen	werdet	laufen
Sie	laufen	liefen	sind	gelaufen	werden	laufen
sie	laufen	liefen	sind	gelaufen	werden	laufen

Personal Pronomen	Plusquamperfekt		Futur 2		
ich	war	gelaufen	werde	gelaufen	sein
du	warst	gelaufen	wirst	gelaufen	sein
er	war	gelaufen	wird	gelaufen	sein
sie	war	gelaufen	wird	gelaufen	sein
es	war	gelaufen	wirst	gelaufen	sein
wir	waren	gelaufen	werden	gelaufen	sein
ihr	wart	gelaufen	werdet	gelaufen	sein
Sie	waren	gelaufen	werden	gelaufen	sein
sie	waren	gelaufen	werden	gelaufen	sein

reden (hadal)

Englisch : talk / speak

Personal Pronomen	Präsens	Präteritum	Perfekt	Futur 1
ich	rede	redete	habe geredet	werde reden
du	redest	redetest	hast gereden	wirst reden
er	redet	redete	hat gereden	wird reden
sie	redet	redete	hat gereden	wird reden
es	redet	redete	hat gereden	wird reden
wir	reden	redeten	haben gereden	werden reden
ihr	redet	redetet	habt gereden	werdet reden
Sie	reden	redeten	haben gereden	werden reden
sie	reden	redeten	haben gereden	werden reden

Personal Pronomen	Plusquamperfekt	Futur 2
ich	hatte gereden	werde geredet haben
du	hattest gereden	wirst geredet haben
er	hatte gereden	wird geredet haben
sie	hatte gereden	wird geredet haben
es	hatte gereden	wird geredet haben
wir	hatten gereden	werden geredet haben
ihr	hattet gereden	werdet geredet haben
Sie	hatten gereden	werden geredet haben
sie	hatten gereden	werden geredet haben

schaffen (gudbid / baasid)

Englisch : achieve / manage /create

Personal Pronomen	Präsens	Präteritum	Perfekt	Futur 1
ich	schaffe	schuf	habe geschaffen	werde schaffen
du	schaffst	schufst	hast geschaffen	wirst schaffen
er	schafft	schuf	hat geschaffen	wird schaffen
sie	schafft	schuf	hat geschaffen	wird schaffen
es	schafft	schuf	hat geschaffen	wird schaffen
wir	schaffen	schufen	haben geschaffen	werden schaffen
ihr	schafft	schuft	habt geschaffen	werdet schaffen
Sie	schaffen	schufen	haben geschaffen	werden schaffen
sie	schaffen	schufen	haben geschaffen	werden schaffen

Personal Pronomen	Plusquamperfekt	Futur 2
ich	hatte geschaffen	werde geschaffen haben
du	hattest geschaffen	wirst geschaffen haben
er	hatte geschaffen	wird geschaffen haben
sie	hatte geschaffen	wird geschaffen haben
es	hatte geschaffen	wird geschaffen haben
wir	hatten geschaffen	werden geschaffen haben
ihr	hattet geschaffen	werdet geschaffen haben
Sie	hatten geschaffen	werden geschaffen haben
sie	hatten geschaffen	werden geschaffen haben

schliessen (xidhid)

Englisch : close down / shut / conclude

Personal Pronomen	Präsens	Präteritum	Perfekt		Futur 1	
ich	schließe	schloss	habe	geschlossen	werde	schließen
du	schließt	schlosst	hast	geschlossen	wirst	schließen
er	schließt	schloss	hat	geschlossen	wird	schließen
sie	schließt	schloss	hat	geschlossen	wird	schließen
es	schließt	schloss	hat	geschlossen	wird	schließen
wir	schließen	schlossen	haben	geschlossen	werden	schließen
ihr	schließt	schlosst	habt	geschlossen	werdet	schließen
Sie	schließen	schlossen	haben	geschlossen	werden	schließen
sie	schließen	schlossen	haben	geschlossen	werden	schließen

Personal Pronomen	Plusquamperfekt		Futur 2		
ich	hatte	geschlossen	werde	geschlossen	haben
du	hattest	geschlossen	wirst	geschlossen	haben
er	hatte	geschlossen	wird	geschlossen	haben
sie	hatte	geschlossen	wird	geschlossen	haben
es	hatte	geschlossen	wird	geschlossen	haben
wir	hatten	geschlossen	werden	geschlossen	haben
ihr	hattet	geschlossen	werdet	geschlossen	haben
Sie	hatten	geschlossen	werden	geschlossen	haben
sie	hatten	geschlossen	werden	geschlossen	haben

schreiben (qorid)

Englisch : write /type / write out

Personal Pronomen	Präsens	Präteritum	Perfekt	Futur 1
ich	schreibe	schrieb	habe geschrieben	werde schreiben
du	schreibst	schriebst	hast geschrieben	wirst schreiben
er	schreibt	schrieb	hat geschrieben	wird schreiben
sie	schreibt	schrieb	hat geschrieben	wird schreiben
es	schreibt	schrieb	hat geschrieben	wird schreiben
wir	schreiben	schrieben	haben geschrieben	werden schreiben
ihr	schreibt	schriebt	habt geschrieben	werdet schreiben
Sie	schreiben	schrieben	haben geschrieben	werden schreiben
sie	schreiben	schrieben	haben geschrieben	werden schreiben

Personal Pronomen	Plusquamperfekt	Futur 2
ich	hatte geschrieben	werde geschrieben haben
du	hattest geschrieben	wirst geschrieben haben
er	hatte geschrieben	wird geschrieben haben
sie	hatte geschrieben	wird geschrieben haben
es	hatte geschrieben	wirst geschrieben haben
wir	hatten geschrieben	werden geschrieben haben
ihr	hattet geschrieben	werdet geschrieben haben
Sie	hatten geschrieben	werden geschrieben haben
sie	hatten geschrieben	werden geschrieben haben

tragen (qaadid / ku labisan)

Englisch : take /carry / wear

Personal Pronomen	Präsens	Präteritum	Perfekt	Futur 1
ich	trage	trug	habe getragen	werde tragen
du	trägst	trugst	hast getragen	wirst tragen
er	trägt	trug	hat getragen	wird tragen
sie	trägt	trug	hat getragen	wird tragen
es	trägt	trug	hat getragen	wird tragen
wir	tragen	trugen	haben getragen	werden tragen
ihr	tragt	trugt	habt getragen	werdet tragen
Sie	tragen	trugen	haben getragen	werden tragen
sie	tragen	trugen	haben getragen	werden tragen

Personal Pronomen	Plusquamperfekt	Futur 2
ich	hatte getragen	werde getragen haben
du	hattest getragen	wirst getragen haben
er	hatte getragen	wird getragen haben
sie	hatte getragen	wird getragen haben
es	hatte getragen	wird getragen haben
wir	hatten getragen	werden getragen haben
ihr	hattet getragen	werdet getragen haben
Sie	hatten getragen	werden getragen haben
sie	hatten getragen	werden getragen haben

wollen (doonid)

Englisch : want / wish /like

Personal Pronomen	Präsens	Präteritum	Perfekt		Futur 1	
ich	will	wollte	habe	gewollt	werde	wollen
du	willst	wolltest	hast	gewollt	wirst	wollen
er	will	wollte	hat	gewollt	wird	wollen
sie	will	wollte	hat	gewollt	wird	wollen
es	will	wollte	hat	gewollt	wird	wollen
wir	wollen	wollten	Haben	gewollt	werden	wollen
ihr	wollt	wolltet	Habt	gewollt	werdet	wollen
Sie	wollen	wollten	Haben	gewollt	werden	wollen
sie	wollen	wollten	Haben	gewollt	werden	wollen

Personal Pronomen	Plusquamperfekt		Futur 2		
ich	hatte	gewollt	werde	gewollt	haben
du	hattest	gewollt	wirst	gewollt	haben
er	hatte	gewollt	wird	gewollt	haben
sie	hatte	gewollt	wird	gewollt	haben
es	hatte	gewollt	wird	gewollt	haben
wir	hatten	gewollt	werden	gewollt	haben
ihr	hattet	gewollt	werdet	gewollt	haben
Sie	hatten	gewollt	werden	gewollt	haben
sie	hatten	gewollt	werden	gewollt	haben

können (awoodid)

Englisch : be allowed / be able /can

Personal Pronomen	Präsens	Präteritum	Perfekt		Futur 1	
ich	kann	konnte	habe	gekonnt	werde	können
du	kannst	konntest	hast	gekonnt	wirst	können
er	kann	konnte	hat	gekonnt	wird	können
sie	kann	konnte	hat	gekonnt	wird	können
es	kann	konnte	hat	gekonnt	wird	können
wir	können	konnten	haben	gekonnt	werden	können
ihr	könnt	konntet	habet	gekonnt	werdet	können
Sie	können	konnten	haben	gekonnt	werden	können
sie	können	konnten	haben	gekonnt	werde n	können

Personal Pronomen	Plusquamperfekt		Futur 2		
ich	hatte	gekonnt	werde	gekonnt	haben
du	hattest	gekonnt	wirst	gekonnt	haben
er	hatte	gekonnt	wird	gekonnt	haben
sie	hatte	gekonnt	wird	gekonnt	haben
es	hatte	gekonnt	wird	gekonnt	haben
wir	hatten	gekonnt	werden	gekonnt	haben
ihr	hattet	gekonnt	werdet	gekonnt	haben
Sie	hatten	gekonnt	werden	gekonnt	haben
sie	hatte n	gekonnt	werden	gekonnt	haben

müssen (waajib ah)

Englisch : must /

Personal Pronomen	Präsens	Präteritum	Perfekt		Futur 1	
ich	muss	musste	habe	gemusst	werde	müssen
du	musst	musstest	hast	gemusst	wirst	müssen
er	muss	musste	hat	gemusst	wird	müssen
sie	muss	musste	hat	gemusst	wird	müssen
es	muss	musste	hat	gemusst	wird	müssen
wir	müssen	mussten	haben	gemusst	werden	müssen
ihr	müsst	musstet	habt	gemusst	werdet	müssen
Sie	müssen	mussten	haben	gemusst	werden	müssen
sie	müssen	mussten	haben	gemusst	werden	müssen

Personal Pronomen	Plusquamperfekt		Futur 2		
ich	hatte	gemusst	werde	gemusst	haben
du	hattest	gemusst	wirst	gemusst	haben
er	hatte	gemusst	wird	gemusst	haben
sie	hatte	gemusst	wird	gemusst	haben
es	hatte	gemusst	wird	gemusst	haben
wir	hatten	gemusst	werden	gemusst	haben
ihr	hattet	gemusst	werdet	gemusst	haben
Sie	hatten	gemusst	werden	gemusst	haben
sie	hatten	gemusst	werden	gemusst	haben

mögen (ka helitaan)

Englisch : like

Personal Pronomen	Präsens	Präteritum	Perfekt		Futur 1	
ich	mag	mochte	habe	gemocht	werde	mögen
du	magst	mochtest	hast	gemocht	wirst	mögen
er	mag	mochte	hat	gemocht	wird	mögen
sie	mag	mochte	hat	gemocht	wird	mögen
es	mag	mochte	hat	gemocht	wird	mögen
wir	mögen	mochten	haben	gemocht	werden	mögen
ihr	mögt	mochtet	habt	gemocht	werdet	mögen
Sie	mögen	mochten	haben	gemocht	werden	mögen
sie	mögen	mochten	haben	gemocht	werden	mögen

Personal Pronomen	Plusquamperfekt		Futur 2		
ich	hatte	gemocht	werde	gemocht	haben
du	hattest	gemocht	wirst	gemocht	haben
er	hatte	gemocht	wird	gemocht	haben
sie	hatte	gemocht	wird	gemocht	haben
es	hatte	gemocht	wird	gemocht	haben
wir	hatten	gemocht	werden	gemocht	haben
ihr	hattet	gemocht	werdet	gemocht	haben
Sie	hatten	gemocht	werden	gemocht	haben
sie	hatten	gemocht	werden	gemocht	haben

sollen ( )

Englisch : ought /must

Personal Pronomen	Präsens	Präteritum	Perfekt		Futur 1	
ich	soll	sollte	habe	gesollt	werde	sollen
du	sollst	solltest	hast	gesollt	wirst	sollen
er	soll	sollte	hat	gesollt	wird	sollen
sie	soll	sollte	hat	gesollt	wird	sollen
es	soll	sollte	hat	gesollt	wird	sollen
wir	sollen	sollten	haben	gesollt	werden	sollen
ihr	sollt	solltet	habt	gesollt	werdet	sollen
Sie	sollen	sollten	habe	gesollt	werden	sollen
sie	sollen	sollten	haben	gesollt	werden	sollen

Personal Pronomen	Plusquamperfekt		Futur 2		
ich	hatte	gesollt	werde	gesollt	haben
du	hattest	gesollt	wirst	gesollt	haben
er	hatte	gesollt	wird	gesollt	haben
sie	hatte	gesollt	wird	gesollt	haben
es	hatte	gesollt	wird	gesollt	haben
wir	hatten	gesollt	werden	gesollt	haben
ihr	hattet	gesollt	werdet	gesollt	haben
Sie	hatten	gesollt	werden	gesollt	haben
sie	hatten	gesollt	werden	gesollt	haben

dürfen (ogolaansho)

Englisch : may

Personal Pronomen	Präsens	Präteritum	Perfekt		Futur 1	
ich	darf	durfte	habe	gedurft	werde	dürfen
du	darfst	durftest	hast	gedurft	wirst	dürfen
er	darf	durfte	hat	gedurft	wird	dürfen
sie	darf	durfte	hat	gedurft	wird	dürfen
es	darf	durfte	hat	gedurft	wird	dürfen
wir	dürfen	durften	haben	gedurft	Werden	dürfen
ihr	dürft	durftet	habt	gedurft	Werdet	dürfen
Sie	dürfen	durften	haben	gedurft	Werden	dürfen
sie	dürfen	durften	haben	gedurft	Werden	dürfen

Personal Pronomen	Plusquamperfekt		Futur 2		
ich	hatte	gedurft	werde	gedurft	haben
du	hattest	gedurft	wirst	gedurft	haben
er	hatte	gedurft	wird	gedurft	haben
sie	hatte	gedurft	wird	gedurft	haben
es	hatte	gedurft	wird	gedurft	haben
wir	hatten	gedurft	werden	gedurft	haben
ihr	hattet	gedurft	werdet	gedurft	haben
Sie	hatten	gedurft	werden	gedurft	haben
sie	hatten	gedurft	werden	gedurft	haben

kaufen (iibsasho)

Englisch : buy /shop

Personal Pronomen	Präsens	Präteritum	Perfekt	Futur 1
ich	kaufe	kaufte	habe gekauft	werde kaufen
du	kaufst	kauftest	hast gekauft	wirst kaufen
er	kauft	kaufte	hat gekauft	wird kaufen
sie	kauft	kaufte	hat gekauft	wird kaufen
es	kauft	kaufte	hat gekauft	wird kaufen
wir	kaufen	kauften	haben gekauft	werden kaufen
ihr	kauft	kauftet	habt gekauft	werdet kaufen
Sie	kaufen	kauften	haben gekauft	werden kaufen
sie	kaufen	kauften	haben gekauft	werden kaufen

Personal Pronomen	Plusquamperfekt	Futur 2
ich	hatte gekauft	werde gekauft haben
du	hattest gekauft	wirst gekauft haben
er	hatte gekauft	wird gekauft haben
sie	hatte gekauft	wird gekauft haben
es	hatte gekauft	wird gekauft haben
wir	hatten gekauft	werden gekauft haben
ihr	hattet gekauft	werdet gekauft haben
Sie	hatten gekauft	werden gekauft haben
sie	hatten gekauft	werden gekauft haben

rechnen (xisaabin /tirin)

Englisch : count /calculate

Personal Pronomen	Präsens	Präteritum	Perfekt		Futur 1	
ich	rechne	rechnete	habe	gerechnet	werde	rechnen
du	rechnest	rechnetest	hast	gerechnet	wirst	rechnen
er	rechnet	rechnete	hat	gerechnet	wird	rechnen
sie	rechnet	rechnete	hat	gerechnet	wird	rechnen
es	rechnet	rechnete	hat	gerechnet	wird	rechnen
wir	rechnen	rechneten	haben	gerechnet	werden	rechnen
ihr	rechnet	rechnetet	habt	gerechnet	werdet	rechnen
Sie	rechnen	rechneten	haben	gerechnet	werden	rechnen
sie	rechnen	rechneten	haben	gerechnet	werden	rechnen

Personal Pronomen	Plusquamperfekt		Futur 2		
ich	hatte	gerechnet	werde	gerechnet	haben
du	hattest	gerechnet	wirst	gerechnet	haben
er	hatte	gerechnet	wird	gerechnet	haben
sie	hatte	gerechnet	wird	gerechnet	haben
es	hatte	gerechnet	wird	gerechnet	haben
wir	hatten	gerechnet	werden	gerechnet	haben
ihr	hattet	gerechnet	werdet	gerechnet	haben
Sie	hatten	gerechnet	werden	gerechnet	haben
sie	hatten	gerechnet	werden	gerechnet	haben

fallen (dhicid / hoos u dhac)

Englisch : fall of /go down / decrease

Personal Pronomen	Präsens	Präteritum	Perfekt		Futur 1	
ich	falle	fiel	bin	gefallen	werde	fallen
du	fällst	fielst	bist	gefallen	wirst	fallen
er	fällt	fiel	ist	gefallen	wird	fallen
sie	fällt	fiel	ist	gefallen	wird	fallen
es	fällt	fiel	ist	gefallen	wird	fallen
wir	fallen	fielen	sind	gefallen	werden	fallen
ihr	fallt	fielt	seid	gefallen	werdet	fallen
Sie	fallen	fielten	sind	gefallen	werden	fallen
sie	fallen	fielten	sind	gefallen	werden	fallen

Personal Pronomen	Plusquamperfekt		Futur 2		
ich	war	gefallen	werde	gefallen	sein
du	warst	gefallen	wirst	gefallen	sein
er	war	gefallen	wird	gefallen	sein
sie	war	gefallen	wird	gefallen	sein
es	war	gefallen	wird	gefallen	sein
wir	waren	gefallen	werden	gefallen	sein
ihr	wart	gefallen	werdet	gefallen	sein
Sie	waren	gefallen	werden	gefallen	sein
sie	waren	gefallen	werden	gefallen	sein

denken (fikir)

Englisch : think / suppose /feel/believe

Personal Pronomen	Präsens	Präteritum	Perfekt	Futur 1
ich	denke	dachte	habe gedacht	werde denken
du	denkst	dachtest	hast gedacht	wirst denken
er	denkt	dachte	hat gedacht	wird denken
sie	denkt	dachte	hat gedacht	wird denken
es	denkt	dachte	hat gedacht	wird denken
wir	denken	dachten	haben gedacht	werden denken
ihr	denkt	dachtet	habt gedacht	werdet denken
Sie	denken	dachten	haben gedacht	werden denken
sie	denken	dachten	haben gedacht	werden denken

Personal Pronomen	Plusquamperfekt	Futur 2
ich	hatte gedacht	werde gedacht haben
du	hattest gedacht	wirst gedacht haben
er	hatte gedacht	wird gedacht haben
sie	hatte gedacht	wird gedacht haben
es	hatte gedacht	wird gedacht haben
wir	hatten gedacht	werden gedacht haben
ihr	hattet gedacht	werdet gedacht haben
Sie	hatten gedacht	werden gedacht haben
sie	hatten gedacht	werden gedacht haben

bringen (keenid)

Englisch : bring / carry /get

Personal Pronomen	Präsens	Präteritum	Perfekt		Futur 1	
ich	bringe	brachte	habe	gebracht	werde	bringen
du	bringst	brachtest	hast	gebracht	wirst	bringen
er	bringt	brachte	hat	gebracht	wird	bringen
sie	bringt	brachte	hat	gebracht	wird	bringen
es	bringt	brachte	hat	gebracht	wird	bringen
wir	bringen	brachten	haben	gebracht	werden	bringen
ihr	bringt	brachtet	habt	gebracht	werdet	bringen
Sie	bringen	brachten	haben	gebracht	werden	bringen
sie	bringen	brachten	haben	gebracht	werden	bringen

Personal Pronomen	Plusquamperfekt		Futur 2		
ich	hatte	gebracht	werde	gebracht	haben
du	hattest	gebracht	wirst	gebracht	haben
er	hatte	gebracht	wird	gebracht	haben
sie	hatte	gebracht	wird	gebracht	haben
es	hatte	gebracht	wird	gebracht	haben
wir	hatten	gebracht	werden	gebracht	haben
ihr	hattet	gebracht	werdet	gebracht	haben
Sie	hatten	gebracht	werden	gebracht	haben
sie	hatten	gebracht	werden	gebracht	haben

bezahlen (bixin)

Englisch : pay/pay for

Personal Pronomen	Präsens	Präteritum	Perfekt		Futur 1	
ich	bezahle	bezahlte	habe	bezahlt	werde	bezahlen
du	bezahlst	bezahltest	hast	bezahlt	wirst	bezahlen
er	bezahlt	bezahlte	hat	bezahlt	wird	bezahlen
sie	bezahlt	bezahlte	hat	bezahlt	wird	bezahlen
es	bezahlt	bezahlte	hat	bezahlt	wird	bezahlen
wir	bezahlen	bezahlten	haben	bezahlt	werden	bezahlen
ihr	bezahlt	bezahltet	habt	bezahlt	werdet	bezahlen
Sie	bezahlen	bezahlten	haben	bezahlt	werden	bezahlen
sie	bezahlen	bezahlten	haben	bezahlt	werden	bezahlen

Personal Pronomen	Plusquamperfekt		Futur 2		
ich	hatte	bezahlt	werde	bezahlt	haben
du	hattest	bezahlt	wirst	bezahlt	haben
er	hatte	bezahlt	wird	bezahlt	haben
sie	hatte	bezahlt	wird	bezahlt	haben
es	hatte	bezahlt	wird	bezahlt	haben
wir	hatten	bezahlt	werden	bezahlt	haben
ihr	hattet	bezahlt	werdet	bezahlt	haben
Sie	hatten	bezahlt	werden	bezahlt	haben
sie	hatten	bezahlt	werden	bezahlt	haben

besuchen (booqasho)

Englisch : visit/ attend

Personal Pronomen	Präsens	Präteritum	Perfekt	Futur 1
ich	besuche	besuchte	habe besucht	werde besuchen
du	besuchst	besuchtest	hast besucht	wirst besuchen
er	besucht	besuchte	hat besucht	wird besuchen
sie	besucht	besuchte	hat besucht	wird besuchen
es	besucht	besuchte	hat besucht	wird besuchen
wir	besuchen	besuchten	haben besucht	werden besuchen
ihr	besucht	besuchtet	habt besucht	werdet besuchen
Sie	besuchen	besuchten	haben besucht	werden besuchen
sie	besuchen	besuchten	haben besucht	werden besuchen

Personal Pronomen	Plusquamperfekt	Futur 2
ich	hatte besucht	werde besucht haben
du	hattest besucht	wirst besucht haben
er	hatte besucht	wird besucht haben
sie	hatte besucht	wird besucht haben
es	hatte besucht	wird besucht haben
wir	hatten besucht	werden besucht haben
ihr	hattet besucht	werdet besucht haben
Sie	hatten besucht	werden besucht haben
sie	hatten besucht	werden besucht haben

bestellen (dalbasho)

Englisch : order /send for

Personal Pronomen	Präsens	Präteritum	Perfekt		Futur 1	
ich	bestelle	bestellte	habe	bestellt	werde	bestellen
du	bestellst	bestelltest	hast	bestellt	wirst	bestellen
er	bestellt	bestellte	hat	bestellt	wird	bestellen
sie	bestellt	bestellte	hat	bestellt	wird	bestellen
es	bestellt	bestellte	hat	bestellt	wird	bestellen
wir	bestellen	bestellten	haben	bestellt	werden	bestellen
ihr	bestellt	bestelltet	habt	bestellt	werdet	bestellen
Sie	bestellen	bestellten	haben	bestellt	werden	bestellen
sie	bestellen	bestellten	haben	bestellt	werden	bestellen

Personal Pronomen	Plusquamperfekt		Futur 2		
ich	hatte	bestellt	werde	bestellt	haben
du	hattest	bestellt	wirst	bestellt	haben
er	hatte	bestellt	wird	bestellt	haben
sie	hatte	bestellt	wird	bestellt	haben
es	hatte	bestellt	wird	bestellt	haben
wir	hatten	bestellt	werden	bestellt	haben
ihr	hattet	bestellt	werdet	bestellt	haben
Sie	hatten	bestellt	werden	bestellt	haben
sie	hatten	bestellt	werden	bestellt	haben

antworten (jawaab)

Englisch : answer /respond

Personal Pronomen	Präsens	Präteritum	Perfekt		Futur 1	
ich	antworte	antwortete	habe	geantwortet	werde	antworten
du	antwortest	antwortetest	hast	geantwortet	wirst	antworten
er	antwortet	antwortete	hat	geantwortet	wird	antworten
sie	antwortet	antwortete	hat	geantwortet	wird	antworten
es	antwortet	antwortete	hat	geantwortet	wird	antworten
wir	antworten	antworteten	haben	geantwortet	werden	antworten
ihr	antwortet	antwortetet	habt	geantwortet	werdet	antworten
Sie	antwortet	antworteten	haben	geantwortet	werden	antworten
sie	Antworten	antworteten	haben	geantwortet	werden	antworten

Personal Pronomen	Plusquamperfekt		Futur 2		
ich	hatte	geantwortet	werde	geantwortet	haben
du	hattest	geantwortet	wirst	geantwortet	haben
er	hatte	geantwortet	wird	geantwortet	haben
sie	hatte	geantwortet	wird	geantwortet	haben
es	hatte	geantwortet	wird	geantwortet	haben
wir	hatten	geantwortet	werden	geantwortet	haben
ihr	hattet	geantwortet	werdet	geantwortet	haben
Sie	hatten	geantwortet	werden	geantwortet	haben
sie	hatten	geantwortet	werden	geantwortet	haben

hören (maqal / dhagaysi)

Englisch : listen /hear

Personal Pronomen	Präsens	Präteritum	Perfekt		Futur 1	
ich	höre	hörte	habe	gehört	werde	hören
du	hörst	hörtest	hast	gehört	wirst	hören
er	hört	hörte	hat	gehört	wird	hören
sie	hört	hörte	hat	gehört	wird	hören
es	hört	hörte	hat	gehört	wird	hören
wir	hören	hörten	haben	gehört	werden	hören
ihr	hört	hörtet	habt	gehört	werdet	hören
Sie	hören	hörten	haben	gehört	werden	hören
sie	hören	hörten	haben	gehört	werden	hören

Personal Pronomen	Plusquamperfekt		Futur 2		
ich	hatte	gehört	werde	gehört	haben
du	hattest	gehört	wirst	gehört	haben
er	hatte	gehört	wird	gehört	haben
sie	hatte	gehört	wird	gehört	haben
es	hatte	gehört	wird	gehört	haben
wir	hatten	gehört	werden	gehört	haben
ihr	hattet	gehört	werdet	gehört	haben
Sie	hatten	gehört	werden	gehört	haben
sie	hatten	gehört	werden	gehört	haben

verlieren (guul daro)

Englisch : lose

Personal Pronomen	Präsens	Präteritum	Perfekt	Futur 1
ich	verliere	verlor	habe verloren	werde verlieren
du	verlierst	verlorst	hast verloren	wirst verlieren
er	verliert	verlor	hat verloren	wird verlieren
sie	verliert	verlor	hat verloren	wird verlieren
es	verliert	verlor	hat verloren	wird verlieren
wir	verlieren	verloren	haben verloren	werden verlieren
ihr	verliert	verlort	habt verloren	wirst verlieren
Sie	verlieren	verloren	haben verloren	werden verlieren
sie	verlieren	verloren	haben verloren	werden verlieren

Personal Pronomen	Plusquamperfekt	Futur 2
ich	hatte verloren	werde verloren haben
du	hattest verloren	wirst verloren haben
er	hatte verloren	wird verloren haben
sie	hatte verloren	wird verloren haben
es	hatte verloren	wird verloren haben
wir	hatten verloren	werden verloren haben
ihr	hattet verloren	werdet verloren haben
Sie	hatten verloren	werden verloren haben
sie	hatten verloren	werden verloren haben

schwimmen (dabaal)

Englisch : swim /float

Personal Pronomen	Präsens	Präteritum	Perfekt		Futur 1	
ich	schwimme	schwamm	bin	geschwommen	werde	schwimmen
du	schwimmst	schwammst	bist	geschwommen	wirst	schwimmen
er	schwimmt	schwamm	ist	geschwommen	wird	schwimmen
sie	schwimmt	schwamm	ist	geschwommen	wird	schwimmen
es	schwimmt	schwamm	ist	geschwommen	wird	schwimmen
wir	schwimmen	schwammen	sind	geschwommen	werden	schwimmen
ihr	schwimmt	schwammt	seid	geschwommen	werdet	schwimmen
Sie	schwimmen	schwammen	sind	geschwommen	werden	schwimmen
sie	schwimmen	schwammen	sind	geschwommen	werden	schwimmen

Personal Pronomen	Plusquamperfekt		Futur 2		
ich	war	geschwommen	werde	geschwommen	sein
du	warst	geschwommen	wirst	geschwommen	sein
er	war	geschwommen	wird	geschwommen	sein
sie	war	geschwommen	wird	geschwommen	sein
es	war	geschwommen	wird	geschwommen	sein
wir	waren	geschwommen	werden	geschwommen	sein
ihr	wart	geschwommen	werdet	geschwommen	sein
Sie	waren	geschwommen	werden	geschwommen	sein
sie	waren	geschwommen	werden	geschwommen	sein

bauen (dhisid)

Englisch : build / construct

Personal Pronomen	Präsens	Präteritum	Perfekt	Futur 1
ich	baue	baute	habe gebaut	werde bauen
du	baust	bautest	hast gebaut	wirst bauen
er	baut	baute	hat gebaut	wird bauen
sie	baut	baute	hat gebaut	wird bauen
es	baut	baute	hat gebaut	wird bauen
wir	bauen	bauten	haben gebaut	werden bauen
ihr	baut	bautet	habt gebaut	werdet bauen
Sie	bauen	bauten	haben gebaut	werden bauen
sie	bauen	bauten	haben gebaut	werden bauen

Personal Pronomen	Plusquamperfekt	Futur 2
ich	hatte gebaut	werde gebaut haben
du	hattest gebaut	wirst gebaut haben
er	hatte gebaut	wird gebaut haben
sie	hatte gebaut	wird gebaut haben
es	hatte gebaut	wird gebaut haben
wir	hatten gebaut	werden gebaut haben
ihr	hattet gebaut	werdet gebaut haben
Sie	hatten gebaut	werden gebaut haben
sie	hatten gebaut	werden gebaut haben

schicken (dirid)

Englisch : send

Personal Pronomen	Präsens	Präteritum	Perfekt		Futur 1	
ich	schicke	schickte	habe	geschickt	werde	schicken
du	schickst	schicktest	hast	geschickt	wirst	schicken
er	schickt	schickte	hat	geschickt	wird	schicken
sie	schickt	schickte	hat	geschickt	wird	schicken
es	schickt	schickte	hat	geschickt	wird	schicken
wir	schicken	schickten	haben	geschickt	werden	schicken
ihr	schickt	schicktet	habt	geschickt	werdet	schicken
Sie	schicken	schickten	haben	geschickt	werden	schicken
sie	schicken	schickten	haben	geschickt	werden	schicken

Personal Pronomen	Plusquamperfekt		Futur 2		
ich	hatte	geschickt	werde	geschickt	haben
du	hattest	geschickt	wirst	geschickt	haben
er	hatte	geschickt	wird	geschickt	haben
sie	hatte	geschickt	wird	geschickt	haben
es	hatte	geschickt	wird	geschickt	haben
wir	hatten	geschickt	werden	geschickt	haben
ihr	hattet	geschickt	werdet	geschickt	haben
Sie	hatten	geschickt	werden	geschickt	haben
sie	hatten	geschickt	werden	geschickt	haben

lachen (qosol)

Englisch : laugh

Personal Pronomen	Präsens	Präteritum	Perfekt		Futur 1	
ich	lache	lachte	habe	gelacht	werde	lachen
du	lachst	lachtest	hast	gelacht	wirst	lachen
er	lacht	lachte	hat	gelacht	wird	lachen
sie	lacht	lachte	hat	gelacht	wird	lachen
es	lacht	lachte	hat	gelacht	wird	lachen
wir	lachen	lachten	haben	gelacht	werden	lachen
ihr	lacht	lachtet	habt	gelacht	werdet	lachen
Sie	lachen	lachten	haben	gelacht	werden	lachen
sie	lachen	lachten	haben	gelacht	werden	lachen

Personal Pronomen	Plusquamperfekt		Futur 2		
ich	hatte	gelacht	werde	gelacht	haben
du	hattest	gelacht	wirst	gelacht	haben
er	hatte	gelacht	wird	gelacht	haben
sie	hatte	gelacht	wird	gelacht	haben
es	hatte	gelacht	wird	gelacht	haben
wir	hatten	gelacht	werden	gelacht	haben
ihr	hattet	gelacht	werdet	gelacht	haben
Sie	hatten	gelacht	werden	gelacht	haben
sie	hatten	gelacht	werden	gelacht	haben

lassen (iska deyn / jooji)

Englisch : stop /allow / leave let

Personal Pronomen	Präsens	Präteritum	Perfekt	Futur 1
ich	lasse	ließ	habe gelassen	werde lassen
du	lässt /läßt	ließest/ließt	hast gelassen	wirst lassen
er	lässt/läßt	ließ	hat gelassen	wird lassen
sie	lässt/läßt	ließ	hat gelassen	wird lassen
es	lässt/läßt	ließ	hat gelassen	wird lassen
wir	lassen	ließen	haben gelassen	werden lassen
ihr	lasst /laßt	ließt	habt gelassen	werdet lassen
Sie	lassen	ließen	haben gelassen	werden lassen
sie	lassen	ließen	haben gelassen	werden lassen

Personal Pronomen	Plusquamperfekt	Futur 2
ich	hatte gelassen	werde gelassen haben
du	hattest gelassen	wirst gelassen haben
er	hatte gelassen	wird gelassen haben
sie	hatte gelassen	wird gelassen haben
es	hatte gelassen	wird gelassen haben
wir	hatten gelassen	werden gelassen haben
ihr	hattet gelassen	werdet gelassen haben
Sie	hatten gelassen	werden gelassen haben
sie	hatten gelassen	werden gelassen haben

tun (samayn / hawl qabasho)

Englisch : do / put back

Personal Pronomen	Präsens	Präteritum	Perfekt	Futur 1
ich	tue	tat	habe getan	werde tun
du	tust	tatest	hast getan	wirst tun
er	tut	tat	hat getan	wird tun
sie	tut	tat	hat getan	wird tun
es	tut	tat	hat getan	wird tun
wir	tun	taten	haben getan	werden tun
ihr	tut	tatet	habt getan	werdet tun
Sie	tun	taten	haben getan	werden tun
sie	tun	taten	haben getan	werden tun

Personal Pronomen	Plusquamperfekt	Futur 2
ich	hatte getan	werde getan haben
du	hattest getan	wirst getan haben
er	hatte getan	wird getan haben
sie	hatte getan	wird getan haben
es	hatte getan	wird getan haben
wir	hatten getan	werden getan haben
ihr	hattet getan	werdet getan haben
Sie	hatten getan	werden getan haben
sie	hatten getan	werden getan haben

schmecken (dhadhan)

Englisch : have a taste

Personal Pronomen	Präsens	Präteritum	Perfekt		Futur 1	
ich	schmecke	schmeckte	habe	geschmeckt	werde	schmecken
du	schmeckst	schmecktest	hast	geschmeckt	wirst	schmecken
er	schmeckt	schmeckte	hat	geschmeckt	wird	schmecken
sie	schmeckt	schmeckte	hat	geschmeckt	wird	schmecken
es	schmeckt	schmeckte	hat	geschmeckt	wird	schmecken
wir	schmecken	schmeckten	haben	geschmeckt	werden	schmecken
ihr	schmeckt	schmecktet	habt	geschmeckt	werdet	schmecken
Sie	schmecken	schmeckten	haben	geschmeckt	werden	schmecken
sie	schmecken	schmeckten	haben	geschmeckt	werden	schmecken

Personal Pronomen	Plusquamperfekt		Futur 2		
ich	hatte	geschmeckt	werde	geschmeckt	haben
du	hattest	geschmeckt	wirst	geschmeckt	haben
er	hatte	geschmeckt	wird	geschmeckt	haben
sie	hatte	geschmeckt	wird	geschmeckt	haben
es	hatte	geschmeckt	wird	geschmeckt	haben
wir	hatten	geschmeckt	werden	geschmeckt	haben
ihr	hattet	geschmeckt	werdet	geschmeckt	haben
Sie	hatten	geschmeckt	werden	geschmeckt	haben
sie	hatten	geschmeckt	werden	geschmeckt	haben

fliegen (duulid)

Englisch : fly / travel

Personal Pronomen	Präsens	Präteritum	Perfekt		Futur 1	
ich	fliege	flog	bin	geflogen	werde	fliegen
du	fliegst	flogst	bist	geflogen	wirst	fliegen
er	fliegt	flog	ist	geflogen	wird	fliegen
sie	fliegt	flog	ist	geflogen	wird	fliegen
es	fliegt	flog	ist	geflogen	wird	fliegen
wir	fliegen	flogen	sind	geflogen	werden	fliegen
ihr	fliegt	flogt	seid	geflogen	werdet	fliegen
Sie	fliegen	flogen	sind	geflogen	werden	fliegen
sie	fliegen	flogen	sind	geflogen	werden	fliegen

Personal Pronomen	Plusquamperfekt		Futur 2		
ich	war	geflogen	werde	geflogen	sein
du	warst	geflogen	wirst	geflogen	sein
er	war	geflogen	wird	geflogen	sein
sie	war	geflogen	wird	geflogen	sein
es	war	geflogen	wird	geflogen	sein
wir	waren	geflogen	werden	geflogen	sein
ihr	wart	geflogen	werdet	geflogen	sein
Sie	waren	geflogen	werden	geflogen	sein
sie	waren	geflogen	werden	geflogen	sein

reisen (safar)

Englisch : journey / tour

Personal Pronomen	Präsens	Präteritum	Perfekt	Futur 1
ich	reise	reiste	bin gereist	werde reisen
du	reist	reistest	bist gereist	wirst reisen
er	reist	reiste	ist gereist	wird reisen
sie	reist	reiste	ist gereist	wird reisen
es	reist	reiste	ist gereist	wird reisen
wir	reisen	reisten	sind gereist	werden reisen
ihr	reist	reistet	seid gereist	werdet reisen
Sie	reisen	reisten	sind gereist	werden reisen
sie	reisen	reisten	sind gereist	werden reisen

Personal Pronomen	Plusquamperfekt	Futur 2
ich	war gereist	werde gereist sein
du	warst gereist	wirst gereist sein
er	war gereist	wird gereist sein
sie	war gereist	wird gereist sein
es	war gereist	wird gereist sein
wir	waren gereist	werden gereist sein
ihr	wart gereist	werdet gereist sein
Sie	waren gereist	werden gereist sein
sie	waren gereist	werden gereist sein

kosten (kharashka)

Englisch : cost

Personal Pronomen	Präsens	Präteritum	Perfekt		Futur 1	
ich	koste	kostete	habe	gekostet	werde	kosten
du	kostest	kostetest	hast	gekostet	wirst	kosten
er	kostet	kostete	hat	gekostet	wird	kosten
sie	kostet	kostete	hat	gekostet	wird	kosten
es	kostet	kostete	hat	gekostet	wird	kosten
wir	kosten	kosteten	haben	gekostet	werden	kosten
ihr	kostet	kostetet	habt	gekostet	werdet	kosten
Sie	kosten	kosteten	haben	gekostet	werden	kosten
sie	kosten	kosteten	haben	gekostet	werden	kosten

Personal Pronomen	Plusquamperfekt		Futur 2		
ich	hatte	gekostet	werde	gekostet	haben
du	hattest	gekostet	wirst	gekostet	haben
er	hatte	gekostet	wird	gekostet	haben
sie	hatte	gekostet	wird	gekostet	haben
es	hatte	gekostet	wird	gekostet	haben
wir	hatten	gekostet	werden	gekostet	haben
ihr	hattet	gekostet	werdet	gekostet	haben
Sie	hatten	gekostet	werden	gekostet	haben
sie	hatten	gekostet	werden	gekostet	haben

probieren (isku dayid /isku tijaabin /isku qiyaasid)

Englisch : try / test

Personal Pronomen	Präsens	Präteritum	Perfekt	Futur 1
ich	probiere	probierte	habe probiert	werde probieren
du	probierst	probiertest	hast probiert	wirst probieren
er	probiert	probiertet	hat probiert	wird probieren
sie	probiert	probiertet	hat probiert	wird probieren
es	probiert	probiertet	hat probiert	wird probieren
wir	probieren	probierten	haben probiert	werden probieren
ihr	probiert	probiertet	habt probiert	werdet probieren
Sie	probieren	probierten	haben probiert	werden probieren
sie	probieren	probierten	haben probiert	werden probieren

Personal Pronomen	Plusquamperfekt	Futur 2
ich	hatte probiert	werde probiert haben
du	hattest probiert	wirst probiert haben
er	hatte probiert	wird probiert haben
sie	hatte probiert	wird probiert haben
es	hatte probiert	wird probiert haben
wir	hatten probiert	werden probiert haben
ihr	hattet probiert	werdet probiert haben
Sie	hatten probiert	werden probiert haben
sie	hatten probiert	werden probiert haben

beantragen (codsasho /weydisasho)

Englisch : ask for / apply for

Personal - Pronomen	Präsens	Präteritum
ich	beantrage	beantrug
du	beanträgst	beantrugst
er	beanträgt	beantrug
sie	beanträgt	beantrug
es	beanträgt	beantrug
wir	beantragen	beantrugen
ihr	beantragt	beantrugt
Sie	beantragen	beantrugen
sie	beantragen	beantrugen

Personal - pronomen	Perfekt		Futur 1	
ich	habe	beantragen	werde	beantragen
du	hast	beantragen	wirst	beantragen
er	hat	beantragen	wird	beantragen
sie	hat	beantragen	wird	beantragen
es	hat	beantragen	wird	beantragen
wir	haben	beantragen	werden	beantragen
ihr	habt	beantragen	werdet	beantragen
Sie	haben	beantragen	werden	beantragen
sie	haben	beantragen	werden	beantragen

beantworten (jawaabid)

Englisch : respond to / answer

Personal - Pronomen	Präsens	Präteritum
ich	beantworte	beantwortete
du	beantwortest	beantwortetest
er	beantwortet	beantwortete
sie	beantwortet	beantwortete
es	beantwortet	beantwortete
wir	beantworten	beantworteten
ihr	beantwortet	beantwortetet
Sie	beantworten	beantworteten
sie	beantworten	beantworteten

Personal - pronomen	Perfekt		Futur 1	
ich	habe	beantwortet	werde	beantworten
du	hast	beantwortet	wirst	beantworten
er	hat	beantwortet	wird	beantworten
sie	hat	beantwortet	wird	beantworten
es	hat	beantwortet	wird	beantworten
wir	haben	beantwortet	werden	beantworten
ihr	habt	beantwortet	werdet	beantworten
Sie	haben	beantwortet	werden	beantworten
sie	haben	beantwortet	werden	beantworten

beeilen (deg deg / dhakhsasho)

Englisch : **hurry**

Personal - Pronomen	Präsens	Präteritum
ich	beeile	beeilte
du	beeilst	beeiltest
er	beeilt	beeilte
sie	beeilt	beeilte
es	beeilt	beeilte
wir	beeilen	beeilten
ihr	beeilt	beeiltet
Sie	beeilen	beeilten
sie	beeilen	beeilten

Personal - pronomen	Perfekt		Futur 1	
ich	bin	beeilt	werde	beeilen
du	bist	beeilt	wirst	beeilen
er	ist	beeilt	wird	beeilen
sie	ist	beeilt	wird	beeilen
es	ist	beeilt	wird	beeilen
wir	sind	beeilt	werden	beeilen
ihr	seid	beeilt	werdet	beeilen
Sie	sind	beeilt	werden	beeilen
sie	sind	beeilt	werden	beeilen

misslingen (guuldaro)

Englisch : be unsuccessful / fail

Personal-Pronomen	Präsens	Präteritum
ich	misslinge	misslang
du	misslingst	misslangst
er	misslingt	misslang
sie	misslingt	misslang
es	misslingt	misslang
wir	misslingen	misslangen
ihr	misslingt	misslangt
Sie	misslingen	misslangen
sie	misslingen	misslangen

Personal-pronomen	Perfekt	Futur 1
ich	bin misslungen	werde misslingen
du	bist misslungen	wirst misslingen
er	ist misslungen	wird misslingen
sie	ist misslungen	wird misslingen
es	ist misslungen	wird misslingen
wir	sind misslungen	werden misslingen
ihr	seid misslungen	werdet misslingen
Sie	sind misslungen	werden misslingen
sie	sind misslungen	werden misslingen

verkaufen (iibin /iibgeyn)

Englisch : sell / market / sell off

Personal-Pronomen	Präsens	Präteritum
ich	verkaufe	verkaufte
du	verkaufst	verkauftest
er	verkauft	verkaufte
sie	verkauft	verkaufte
es	verkauft	verkaufte
wir	verkaufen	verkauften
ihr	verkauft	verkauftet
Sie	verkaufen	verkauften
sie	verkaufen	verkauften

Personal-pronomen	Perfekt	Futur 1
ich	habe verkauft	werde verkaufen
du	hast verkauft	wirst verkaufen
er	hat verkauft	wird verkaufen
sie	hat verkauft	wird verkaufen
es	hat verkauft	wird verkaufen
wir	haben verkauft	werden verkaufen
ihr	habt verkauft	werdet verkaufen
Sie	haben verkauft	werden verkaufen
sie	haben verkauft	werden verkaufen

© 2019 Colaad Mohamed - ISBN: 9783738651935
Herstellung und Verlag: BoD - Books on Demand, Norderstedt